自分1人、
1日でできる

パーソナルブランディング

MY
BRAND

草間淳哉

同文館出版

はじめに

想像してみてください。メールやSNSの個人宛に、毎日相談の内容が届きます。その中からあなたは自分に合った、自分のやりたい仕事だけを選び、後は丁重にお断りします。売り込むのではなく、選択するのがあなたの仕事です。

これは特別な誰かのでき事ではありません。パーソナルブランディングで独自の魅力を市場に浸透させることができれば、あなたも同じような状態になります。営業ゼロでも受注が倍増するのです。

パーソナルブランディングをするのとしないのでは、大きな違いがでます。多くの企業やビジネスパーソンのブランディングにかかわらせていただいた中で、僕が確信していることがあります。それは企業にも個人にも、必ず魅力的な部分があるということ。必ず独自の価値があるのです。その価値に気づけた人は、今以上に輝きを増し、人を惹きつけ始めます。また、周りに良い影響を与え出します。与えることにより周りから今度は逆にあなたに良いことが返ってきます。つまり、パーソナルブランディングはあなたにとって良いだけでなく、あなたに関係する周りの人にとっても幸せの輪が広がっていくのです。逆にパーソナルブランディングを知らない人は、何をやるにも自信がなく、自信がないから何かに挑戦せず、毎日をただただ惰性で過ごしているだけになってしまいます。同じような能力で、同じような人柄で、同じような環境で過ごしてきた人でも、パーソナルブランディング次第で、人生に大きな違いが生まれるのです。

あなたはこれからどんな人生を歩みたいですか？

自分の言動行動に自信があり、毎日の仕事がすべて自分の好きな仕事ばかりで楽しく、日々成長を感じながら、なりたい自分に近づいていく充実した人生でしょうか。もしくは、誰かに頼りっぱなしで、自分に合っているか疑問に感じながら仕事をこなし、これで良いのかと疑問を持ちながらも何年も同じ状態を過ごしていく人生でしょうか。聞かなくても明確ですよね。

パーソナルブランディングというのは、本来時間がかかるもの。そして、時間がかかるという理由で、なかなか取り組めないという人を多々見てきました。どうも、人は時間がかかりそうなことを後回しにしてしまいがちです。時間がかかりそうなことほど、人生にとって大事なことが多いのに。そこで、ウェブやツールを上手に使うことで、スムーズに1日でスタートできるようにまとめたのが本書です。もちろん時間をかけて浸透させていく手法もま

エビングハウスの忘却曲線

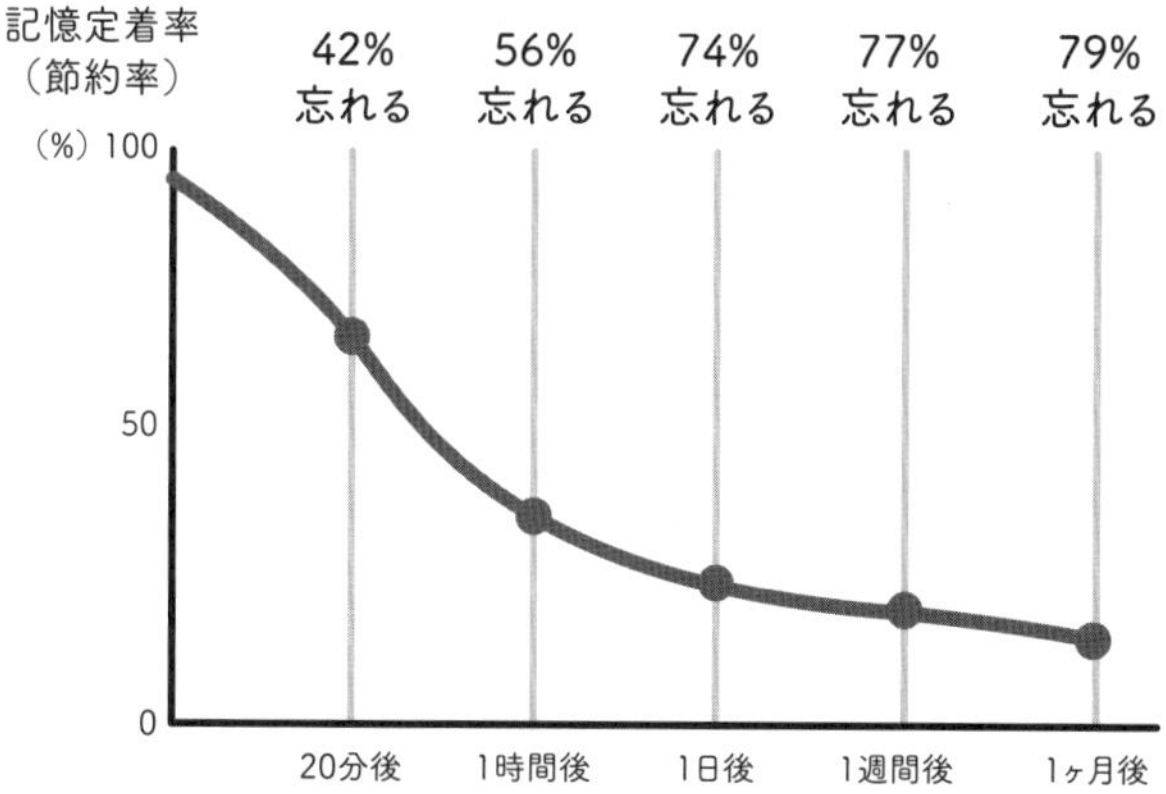

復習することで記憶は定着する！
つまり習慣化することで身につく!!

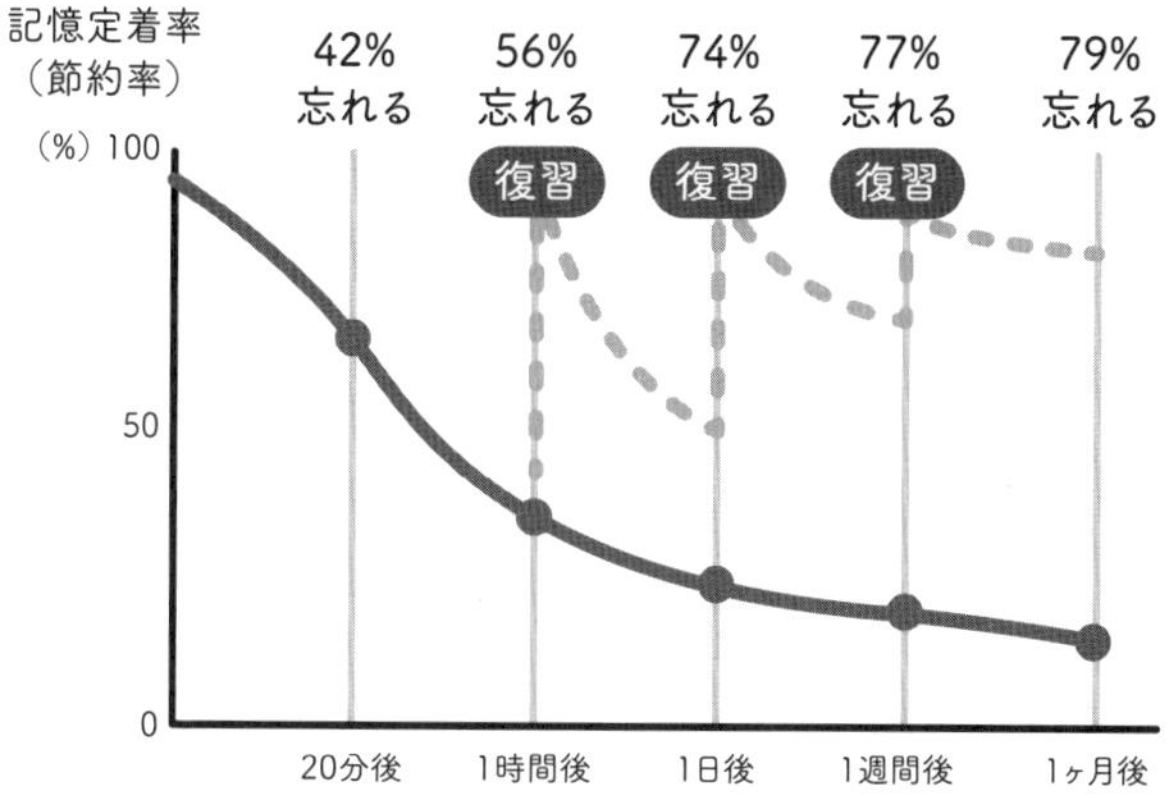

とめています。

パーソナルブランディングをスタートできたとしても、人は次の日になればどれくらい覚えているでしょうか。ドイツの心理学者、ヘルマン・エビングハウス氏の「エビングハウスの忘却曲線」によると、20分後に42％、1時間後に56％、1日後に74％、忘れてしまうというデータがあります。あなたがどう頑張っても忘れてしまうのです。それでは忘れにくくするのはどうすれば良いのか。これは簡単なことで「復習」すれば良いのです。

本書を効果的に活用するには、じっくりと取り組める1日を用意し、次の行程を一気に行ないます。

・パーソナルブランディングの流れと全体像を把握するために、1回通して読む
・続けて、本書で用意してあるツールを用いて、パーソナルブランディングを進める

そして翌朝、さらに次の日の朝と、まとめた内容を見返す時間を取り、それを習慣化します。

さらに忘れないように次の日の朝、さらにまた次の朝とまとめた内容を見返す習慣をつけることさえできれば、後はあなた独自のパーソナルブランドが市場に浸透していき、営業ゼロでも受注が倍増していきます。

さあ、今以上にあなたの明るく幸せな未来に向かって、パーソナルブランディングをスタートさせましょう。

自分1人、1日でできる
パーソナルブランディング

もくじ

はじめに

第1章 パーソナルブランディングを始める前に

1 そもそもブランドとは？ ブランディングとは？……12
2 パーソナルブランディングとは？……15
3 中小企業や個人事業主は人（パーソナル）がすべて……19
4 今だからこそウェブをフル活用してブランディングできる……23
5 嫌な仕事はせず、好きな仕事ばかりやり、売上が上がる……27

第2章 パーソナルブランディングの成功事例

1 「エステ」：独自性で成功するお肌と健康のお悩み解決セラピスト……32
2 「工務店」：自然融合ライフを提案し発信する工務店スタッフ……36

3 「スポーツチーム」：個性を発揮し
快進撃を続けるプロバスケットボール選手……40
4 「オーディオ」：独自の魅力をうちだし同世代に選ばれる店主……43
5 「外国語スクール」：外国人講師と
日本人講師達で地域ナンバーワンスクールに……47

第3章 「さあ始めよう！ステップ1」
まずは自分を
もっと知ることから

1 9タイプから自分がわかるエニアグラム……52
2 人間は生まれた時はみな一緒、でも育ち方で違ってくるもの……56
3 キャリアを始めた時と今の自分の違いを見る……59
4 自分ができるようになったことは？　ナンバーワンでなくても良い……63
5 自信が9割ものを言う。自尊心を育もう……67

第4章 「さあ始めよう！ステップ2」
あなたを本当に
必要としている人は誰ですか？

1 直感的に3種類の顧客を抜き出す……72
2 属性を区分けし顧客を絞り込む……76
3 自分にとって良い顧客の象徴的人物像を描いてみる……80
4 顧客が求めていることを抜き出す……84
5 どうなったら顧客が幸せになるかを書き出す……87

第5章「さあ始めよう！ステップ3」
ライバルのことを丸裸にしてしまおう

1 ライバルの情報に影響を受けすぎてはいませんか？……92
2 完全に業種がかぶらなくても、ライバルになる……95
3 ライバルのブログやウェブサイトを解析し、丸裸にする方法……99
4 ライバルに勝つのではなく、ライバルに負けず、負けさせない……103
5 客観的にライバルの強み、弱みを抜き出す……107

第6章「さあ始めよう！ステップ4」
自分の軸を作り出す
1 他にはない自分の強みキーワードを抜き出す……112
2 サブカテゴリーでブルーオーシャンを創造する……116
3 パーソナルアイデンティティを明文化する……120
4 浸透させるためにキャッチコピー化する……124
5 パーソナルブランドを完全に自分のものにする……127

第7章「さあ始めよう！ステップ5」
具体的にパーソナルブランドを確立させる
1 ウェブでパーソナルカラーを決める……132
2 ウェブでパーソナルスタイルを決める……136
3 ウェブでパーソナルフレグランスを決める……139
4 あなただけのクラウドスタイリストを雇う……143
5 プロフィール撮影には力を入れる……147

第8章 「さあ始めよう！ステップ6」

ブログでパーソナルブランドを浸透させる

1 共感を得られるブランドプロフィールの作り方……152

2 自分に合ったストーリーテリングを選ぶ……155

3 コンテンツマーケティングとブランディングブログ……159

4 ブランディングにお勧めのブログサービスと使い方……163

5 独自ドメインでパーソナルブランドを浸透させる方法……167

第9章 「さあ始めよう！ステップ7」

SNSでパーソナルブランドを浸透させる

1 4大SNSでパーソナルブランディング……172

2 パーソナルブランディングのためのFacebook攻略法……175

3 パーソナルブランディングのためのInstagram攻略法……179

4 パーソナルブランディングのためのTwitter攻略法……183

5 パーソナルブランディングのためのLINE@攻略法……187

第10章「さあ始めよう！ステップ8」
パーソナルブランドをさらに飛躍させる

1 あなただけのクラウド秘書を雇う……192
2 新聞・テレビに掲載されブランド認知を高める方法……196
3 ファンが増えるオンラインサロンの開設運用方法……199
4 社用車もTVCMも無料、ブランド資産を活かすバーター手法……203
5 パーソナルブランディングを飛躍させるウェブ活用テクニック……207

おわりに
参考文献

装丁・本文DTP／高橋明香

本書で利用するワークシートを
お取り寄せするには、
下記のQRコードから
草間公式LINE@に
ご登録ください。

https://line.me/R/ti/p/
%40jun8kusama

LINEをご利用していない方は、
下記のURLから
お取り寄せください。

http://minbra.media/
personal-branding/

第1章

パーソナルブランディングを始める前に

1 そもそもブランドとは？ブランディングとは？

「ブランド」というと、あなたはどんなイメージを思い浮かべますか？　本書のメインテーマであるパーソナルブランディングを進めるにあたり、まずはブランドとブランディングの定義から始めます。また、定義だけではなくどのように進めるかの全体像も把握しましょう。定義と全体像を把握することにより、自分がなぜパーソナルブランディングするのか、そしてどんな状態を目指すのかが整理され、今何をすべきなのか、何から始めれば良いのかが明確になり、よりスムーズにパーソナルブランディングを進められるようになります。

ブランドの語源は、ノルウェーの古ノルド語「brander」という説があり、これは「焼印」という意味です。昔から牧畜民族は、放牧しながら生活していました。放牧の最中、自分の家畜か、他の人の家畜かがわからなくなってしまうことがあり、この家畜は自分のものだ！ということを証明するために、自家製の「焼印」を家畜に押していたのです。実際、今でも「brand」という言葉には、商品や家畜に押す「焼印」という意味があります。さらにここから派生して「識別するためのしるし」という意味合いを持つようになりました。この「識別するためのしるし」からまたさらに派生し、現在では競合と差別化するための違いや独自の特徴をブランドとして示すようになってきています。

　ブランドについては様々な定義がありますが、本書では必要最低限にシンプルに定義し、ずばり「ブランド＝魅力」とします。日本語2文字に抑えました。

　ブランディングも同様にさまざまな定義がありますが、シンプルに定義し「ブランディング＝魅力創造活動」とします。日本語6文字です。これなら簡単に憶えられますね。そしてブランディングを英語で表記すると、branding なので brand に ing がついています。ですからブランディングとは魅力創造活動をずっとやり続けることを指します。ブランディングにゴールはありません。

　もしかしたら、今までブランドと聞くと高級品というイメージを持っていた方もいらっしゃるかもしれません。しかし、「ブランド＝魅力」と定義すると、必ずしも高級品だからブランドということではありません。逆に、低価格戦略も立派なブランディングです。市場に対して「常に安い！」という戦略をやり続け、浸透させたのですから。ただ安くするのではなく、利益を出しながら、低価格でお客様に提供でき、結果的に価格競争に勝てるのであれば、それはりっぱな強みですし、魅力的ですよね。もちろん高品質で常に最高のサービスを提供し続けることもブランディングです。この場合は、逆に安い価格で提供してはいけません。高級なものを所有しているというステータスを大事にしている人には、安くされると困るわけです。魅力が変わってしまうのですから。

つまりブランディングは市場に対して、魅力を約束し、信頼を築き上げ、信頼を守っていく活動ともいえます。ちなみに、自分たちのブランド価値を市場に約束し明文化したものをブランド・プロミスといい、約束を破らないように行動指針やクレド（信条・志）として明文化する企業もあります。

ブランディングを行なう際には、まずはどういった魅力を提供するのかを決める必要があります。シンプルに言えば、高いのか安いのか、可愛いのかキレイなのか、冷たいのか熱いのか、長いのか短いのか、などです。これらを最初に決める（この決め方も本書で解説していきます）ことでブレがなくなり、一貫したさまざまな活動につながっていきます。

まとめましょう。

「ブランド＝魅力」。どんなターゲットに対し、どんな魅力的な独自の価値を提供するのかを明確にし、創造し、浸透させ、守り続けていくことが「ブランディング＝魅力創造活動」です。

2 パーソナルブランディングとは？

ここまで、ブランドとブランディングについて定義してきました。それでは本書のメインテーマとなる、パーソナルブランディングを定義していきましょう。

あなたはこんなことを言われたことはありませんか？

「◯◯さん（あなた）っぽいよね」とか「◯◯さん（あなた）らしいよね」

この◯◯さんっぽい、という印象そのものが、あなたのパーソナルブランドです。ブランディングとは前項で定義したとおり「ブランディング＝魅力創造活動」でしたね。ということは、パーソナルブランディングとは魅力的なあなたっぽさ創造活動ということになります。もっと短く、そして覚えやすいように、本書では「パーソナルブランディング＝ぽさ創造活動」と定義して進めていきます。

さてここで、今現在のあなたのパーソナルブランドを考えてみましょう。今のあなたの人から見られるイメージは、知的ですか？　傲慢ですか？　力強いですか？　かわいいですか？　ずる賢いですか？　ちょっとこわそうですか？　優しそうですか？　業種としては、カメラマンですか？　セールスマンですか？　デザイナーですか？　社労士ですか？　社長ですか？

人から自分がどう見られているかについて、迷われる方も多いでしょう。逆に簡単に答えられる方こそ実は要注意です。なぜなら、あなたのパーソナルブランドのイメージは、あなたではなく相手の頭の中にあるからです。想定以上に、相手が思っているあなたに対するイメージは違います。パーソナルブランディングは、相手があなたに対するイメージと、あなたが自分に対するイメージの違いを整理してイメージを近づけさせていく活動です。つまり一貫して魅力的にあなたっぽくしていくわけです。

今度は逆に、こんなことを言われたことはないでしょうか？

「あなたらしくない○○だね」

このように、自分が思っているイメージとまったく違うことを言われたことがあるでしょう。これはあなた自身が思っているイメージと、相手があなたに対して思っているイメージが違う状態です。通常、これは完全に一緒にはなりません。あなたが相手の頭の中を、完全にコントロールすることはできないのですから。

例えば、テレビ・新聞などのマスメディアで見るイメージと違う行動や言動を取り上げられ、叩かれている姿を報じられる有名人を目にすることがあります。これはマスメディアで無理にイメージをコントロールしたことが原因です。

あなたも例えに出したような有名人のようにならないためにも、本来の自分を隠して演じ続けることはおすすめしません。常に自分にうそをつき続けるのはつらいものです。どんどん疲弊し、自分を失っていきます。顧客はそんな人から何かを買いたいと思いませんから、もうお願い営業に頼るしかありません。お願い営業は長続きせず、ビジネスがままならなくなり、結果的には廃業という流れにつながることでしょう。

うそ偽りで固めたパーソナルブランドにならないよう、相手からどう見られたいかを考える前に、まずはあなた自身がどんなタイプでどうありたいのかを明確にしていきましょう。

まとめます。自分はどんなタイプなのか、どうなっていきたいのか、どんな魅力を持っているのかを明確にした上で、この自分の魅力は誰にとってどんな価値を提供できるのかを考えていきましょう。その魅力が浸透し、〇〇で困ったらあの人、とか、〇〇買うならあの人、と思い起こされるようにしていくことがパーソナルブランディングです。

パーソナルブランディング＝ぽさ創造活動

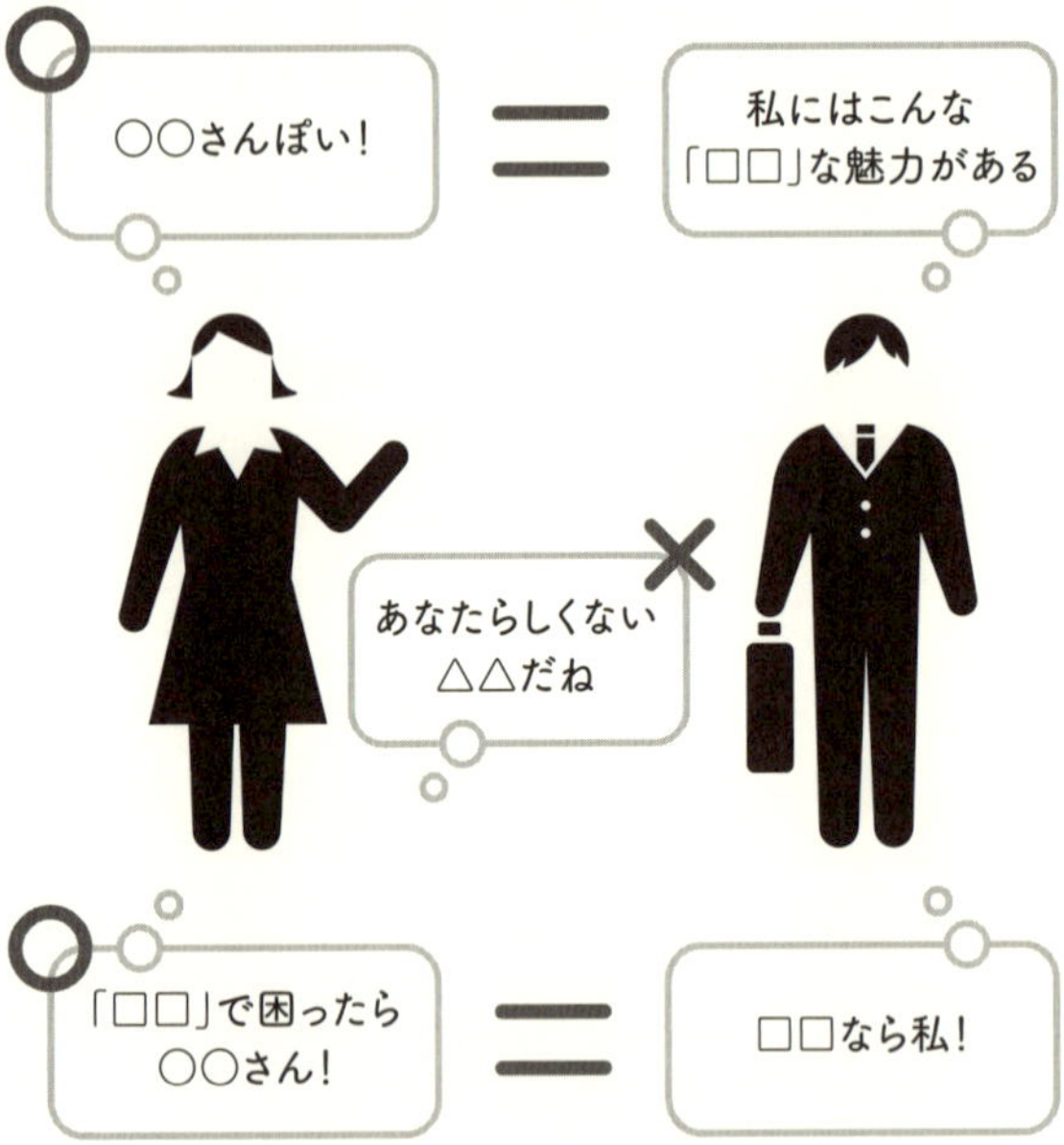

あなたっぽさを最大限に活かし
「□□」で困ったらあの人と
思い起こされるようにしていく

3 中小企業や個人事業主は人（パーソナル）がすべて

パーソナルブランディングは、どのような人にお勧めですか？　とよく聞かれます。そんなとき僕は「ビジネスパーソン全員にお勧めですよ」とお答えしていますが、よりお勧めしたいのは、中小企業のビジネスパーソン、個人事業主、士業、フリーランスの方などです。

なぜならそれは、大企業よりも中小企業のほうが個人個人の個性を発揮しやすく、個性が仕事に影響を与えやすいからです。個人を発揮しやすいということは、パーソナルブランディングに向いているということにつながります。この他にも、大手企業のビジネスパーソンよりも、中小企業のビジネスパーソンや個人事業主のほうが、パーソナルブランディングに向いている理由があります。リスクの例を出しながら、説明していきます。

あなたは物やサービスを購入する際、何を基準に購入していますか？

やっぱり知っているブランドですか？　それとも価格だけで見ますか？　それともそれを勧めてくれる営業マン、販売員で決めていますか？　機能？　おしゃれだから？

6つのリスク

1	機能的リスク	期待した水準の機能を製品が果たさない。 宣伝では素晴らしい機能が付いているように見えるのに、実際に買ってみたらそうでもなかったり。通販などでよく起こり得る。
2	身体的リスク	製品が使用者などの身体や健康に危害を与える。 例えば、美白化粧品。カネボウ白斑と言われ、肌がまだらに白くなる問題があった。美白してキレイになりたい女性にとっては、人生に関わる大きなリスクとなる。
3	金銭的リスク	支払った価格に製品が値しない。 これはわかりやすい。コスパが悪いということ。高級品だと思い期待して買ったけれども、使ってみたらしょぼかったということ。みなさんも経験があると思う。
4	社会的リスク	製品が他者に迷惑をかける。 例えば、匂うとか、音が出るとか。にんにくたっぷりの餃子を食べたいけれど、次の日商談があり、匂うと嫌だから、食べるのを我慢した、という経験もあるかと思う。
5	心理的リスク	製品が使用者の精神に悪影響を与える。 例えば、エッチなDVDを買ったのだけれど、それが自宅にそのまま届いて、家族に見られて恥ずかしい思いをした。こういったリスクが伴うから買わないという人もいると思う。
6	時間的リスク	製品選びの失敗によって、満足のいく他の製品を探す機会コストが発生する。 例えば、ある特殊なネジ穴なので、なかなかそれに合うドライバーがなくて、ホームセンターを何店もまわり、時間だけが過ぎていく、といったこと。

参考：『戦略的ブランドマネジメント』ケビン・レーン・ケラー著

人が購入を決定する際には、さまざまな要素を総合的に見ながら判断します。どうしても外せない条件、どちらかと言えばあったらいいなという条件、まあなくてもいいかなという条件。そのときの環境、状況、ニーズなどによって、総合的に判断しているのです。逆に言うと、リスクがなければないほど購入に至りやすくなります。リスクは、①機能的リスク、②身体的リスク、③金銭的リスク、④社会的リスク、⑤心理的リスク、⑥時間的リスクに分かれます（前ページ参照）。

顧客の立場になると、こういったリスクがあるから買うのをためらってしまうのですね。逆にリスクがなければ、簡単に購入に至ることができるのです。顧客は興味がある商品・サービスについては買いたがっているのです。だから、顧客のリスクを極力少なくしてあげて、不安をできるだけ取り去ってあげることは企業の大事な役目です。そして、大手企業であればあるほど、こういったリスクを売り手側が引き受けやすくなります（売り手側がリスクを引き受けることをリスクリバーサルといいます）。

例えば、大手住宅メーカーであれば（雷が落ちるとか）何か大きな予想外な事象が起きた場合、何千万円という住宅一棟分の金額を、カバーすることができるかもしれません。

ですが、小さな工務店だとしたら、それは会社が潰れるほどの命取りにつながりかねません。こういったリスクリバーサルに対する信頼・安心は、大手企業が勝ります。お金のリスクリバーサルだけではなく、あらゆる面で資本力を活かしたリスクリバーサルは、どうやっても大手が強い部分です。だからこそ、弱者である中小企業の社長やスタッフや個人事業主は、大手が手を回さないきめ細やかなサービスや、属人的な対応をする必要がでてきます（これはランチェスター戦略では弱者の戦略の一部にあたります）。

このように、中小企業の社長やスタッフや個人事業主は、大手とは異なる戦略で信頼を勝ち取る必要があるのです。大手のブランドや競合他社にはできない立ち位置（これをポジショニングという）で、顧客の不安、リスクを取り除くようなきめ細やかな対応をしてくれそうという魅力的な印象を作り上げることができれば、顧客は大手や競合他社からではなく、「あなたから買いたい、あなたに依頼したい」という気持ちになるでしょう。そこがパーソナルブランディングの出番であり、中小企業のビジネスパーソン、個人事業主の方にお勧めする理由です。あなたっ「ぽさ創造活動」が有効になってくるのです。

わざわざ他社の強いところと戦う必要はなく、あなたっぽさを全面に出したビジネススタイルで良いのです。中小企業のビジネスパーソン、個人事業主ほど、あなたっぽさを磨き続け、あなたっぽさを確立していき、強く魅力的なパーソナルブランドを築き上げていきましょう。

4 今だからこそウェブをフル活用してブランディングできる

最近では誰でも簡単に自分のメディアが持てるようになりました。自分でコンテンツを管理できる媒体をオウンドメディアといいます。言葉の通り、「オウンド＝自分」のメディアですね。自社カタログや自社マガジンなどもその一部なのですが、昨今では特にネットでのメディアを指すことが多くなってきています。例えば、ブログ、自社サイト、メールマガジンなど。このオウンドメディアの他にも、ペイドメディア、アーンドメディアを加えた3つのメディアをトリプルメディアといいます。トリプルメデイアの特徴やそれぞれの違いをまとめておきます。

①オウンドメディア（owned media）とは

自分所有のメディアです。どんなコンテンツの発信も自由なのですが、顧客の求めている情報を発信するようにします。ここではウェブに限って説明していきますが、本来は紙のパンフレットやチラシも含まれます。実店舗もオウンドメディアと言っても良いでしょう。

・オウンドメディアの有効活用方法

自分でコンテンツを管理できるので、ブランド再生（顧客のニーズによって自社ブランドを思い出されるようにすること）の認知に強く、購買欲求を高めることに有効活用できます。

②ペイドメディア（paid media）とは

ペイド＝お金が支払われる、という意味です。つまりペイドメディアとはお金を払って広告を出すメディアという意味です。マスコミ4媒体（テレビ、新聞、雑誌、ラジオ）やインターネット広告、看板、電車・バス・タクシーなどの交通広告など、お金を支払って何かに掲載する広告メディアのことを指します。

・ペイドメディアの有効活用方法

もともと数多くの顧客がついているメディアが多いので、まずは知ってもらうというブランド再認（顧客が自社ブランドを知っている状態にすること）の認知に強く、あらゆる媒体でいろんな接点をつくることができ、ブランドの認知度アップにつなげることができます。

③アーンドメディア（earned media）とは

earnedとは収益を得るとかもたらすといった意味ですが、つまりは有益な情報や共感を得ることを指します。言葉の意味あいから覚えるよりも、シンプルに言えばSNSやブログのことを指します。FacebookやTwitterなどのソーシャルネットワークですね。昨今よく見る、キュレーションサイト（まとめサイト）も含まれます。

・アーンドメディアの有効活用方法

ＳＮＳの特徴を端的に言えば、ずばり拡散力です。誰かに共感を得られることにより、シェアされて多くの人にアプローチできます。ブランド再認の向上、ブランド再生の向上、どちらにも繋がりますし、お金を払えば広告媒体として、つまりはペイドメディアとしても活用でき、多くの人の認知を獲得できます。

パーソナルブランディングを行なう上でのトリプルメディアを活用した戦略の流れはをまとめます。ペイドメディア（主に有料広告媒体）でブランド再認（ブランドを知っている人を増やす）を上げていきます。そしてアーンドメディア（主にＳＮＳ）で共感を得ながらさらにブランド再認を上げつつ、ブランド再生（欲しいという人を増やす）も上げ、オウンドメディア（主に自社サイトや自分のブログ）に誘導していきます。オウンドメディアへの直接の流入もありますし、他からの流入も加味しながら、ていねいに、そして頻繁に顧客との接触を重ね、ブランド再認とブランド再生双方（知っている人も欲しい人も増やす）とともに引き上げていきます。最終的には見込顧客から購買顧客、そしてロイヤルカスタマー（忠誠心の高い顧客）にまで引き上げていくような戦略を練り上げていきましょう。

トリプルメディアの戦略図

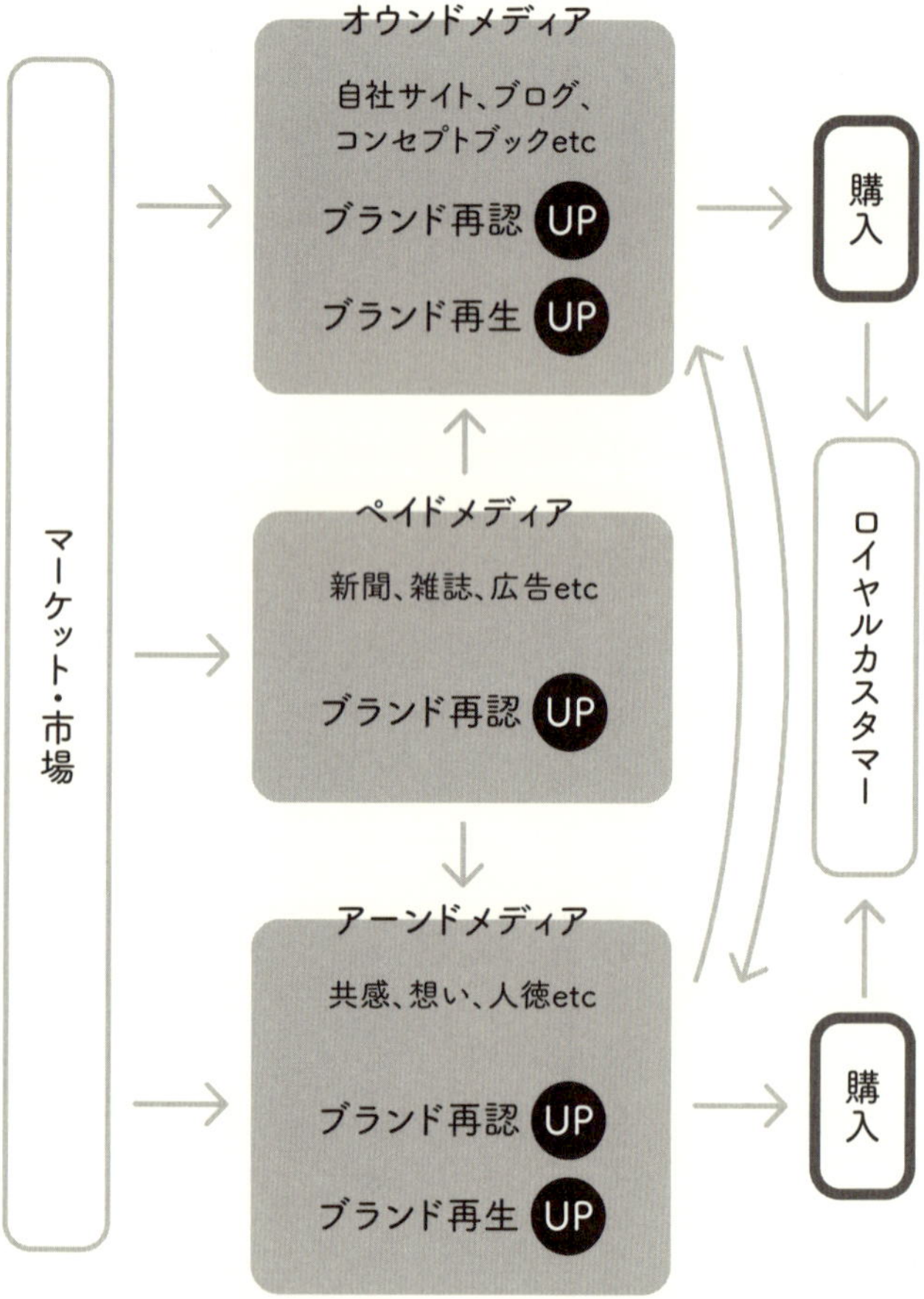

5 嫌な仕事はせず、好きな仕事ばかりやり、売上が上がる

パーソナルブランディングで目指す結果として、次のようなことがあります。

・価格競争に巻き込まれにくくなる
・リピート率が高まる
・ロイヤルカスタマー（心底信頼してくれるファン顧客）が増える

また、これらの効果に加え、営業しなくても、あなたに依頼したい、あなたから買いたいと顧客に思ってもらい、受注・売上をアップしていくことも大事な目的です。

自分本位で、やりたいようにわがままにやることが目的ではありませんし、顧客に求められるがまま安請け合いをすることも目的とは言えません。自分を見つめ、顧客を見つめ、競合も見つめた上で、自分独自の魅力をつくっていきます。だからこそ顧客から必要とされ、競合との差別化ができ、自分が好きで勝てるポジションで仕事ができるようになるのです。

そうなると嫌な仕事がなくなっていき、好きな仕事ばかりが増えていきます。自分が得意で、

好きな仕事に注ぎ込めるからどんどんスキル・能力が上がり、さらに良い仕事ができるようになり、販売単価も上がり、最終的に営業しなくても売上が倍増していくようになります。

このような目的で行なうパーソナルブランディングですが、ここで全体のパーソナルブランディングの流れを、イメージ図と共に説明します。

僕が今までパーソナルブランディングのセミナーや研修を行なってきた中で、参加者の最大の難関になるのが、マインドブロックでした。簡単に言うと「自分への自信のなさ」です。自分に自信が持てないことで、前に進めない方が多いのです。このハードルを越えるために、まずは自分のタイプ、自分の過去、そして自分のできることにフォーカスし、自分に自信を持つことから始めましょう。一番はじめのステップ1は、まずは自分をもっと知ることから。

次のステップ2は、あなたを本当に必要としている人は誰ですか？　を考えます。あなたにとっての大事な顧客が何を求めているか、あなたが顧客に還元できることを抽出します。

そして、ステップ3は、ライバルのことを丸裸（情報を丸裸にという意味です）にしてしまおうという内容です。あなたが頑張っているように、ライバルも同じように頑張って成長し、ビジネスを広げています。自分に自信を持った上で、ライバルを客観視し、自分の強み、そして弱みを改善していきます。

ステップ4は自分の軸を作り出していきます。自分、顧客、ライバルをバランスよく見つめた上で、本来の自分を大事にしながら勝てるポジションを明確化し、明文化します。

ステップ5で、具体的なパーソナルブランドを確立させていきます。自分の軸に沿って、自分の表現の仕方を設計していきます。ウェブサービスを用いスピード感を大事にして自分のパーソナルブランドを設計できる手法があるので、それらを紹介していきます。

ステップ6は、ブログでのパーソナルブランディングをお伝えしていきます。トリプルメディアでいうと、オウンドメディアでのパーソナルブランディングです。ウェブでのテクニック（SEOや他のWebマーケティング）も交えながらお伝えしていきます。

ステップ7は、SNSでのパーソナルブランディングをお伝えしていきます。トリプルメディアでいうとアーンドメディアですね。特に4大SNS（Instagram、Twitter、LINE、Facebook）でのパーソナブルブランディングです。そして最後ステップ8では、他のいろんな手法を使いながら、パーソナブルブランドをさらに飛躍させるテクニックをお伝えしていきます。強烈なテクニックをお伝えしていきますので、楽しみにしていてください。

パーソナルブランディングの全体図を次ページに用意しました。この図は、進めながら自分が今どこに位置しているのか確認していただくためにも、付箋を貼ったり、ページを折ったりしてください。何度も見返すことになります。あなたのビジネスやライフスタイルをさらにパワーアップさせるパーソナルブランディング。さあ始めていきましょう。

パーソナルブランディングの全体像

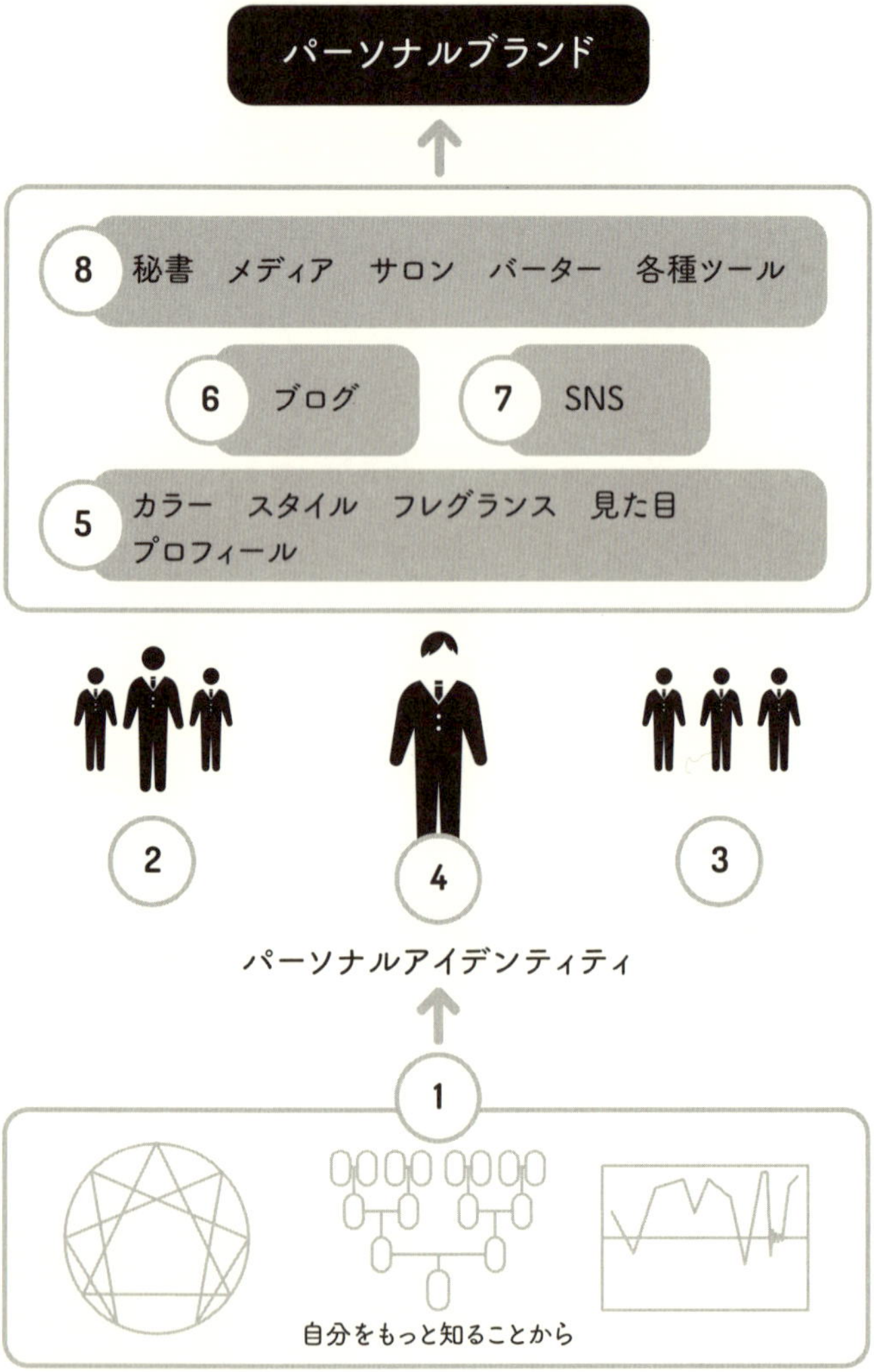

第2章

パーソナルブランディングの成功事例

1 「エステ」‥独自性で成功するお肌と健康のお悩み解決セラピスト

東京都千代田区麹町に店舗を構える、エステサロン「ミレニアムサロン」のオーナー和田典子さん。僕がサポートさせていただいた後、数ヶ月たってから、衝撃的なお話をお聞きしました。

「草間さん、大阪のサロンから機材を買わないかと話がきました。話を聞いたところ、何をやっても集客できず、続けていても活路が見出せないとのことです。最終的にお店を閉めることになり、だから残った機材を譲ってくれるとのことでした。1年前、同じようにそのまま続けていたら、私も同じ状況になっていたかもしれません」

正直、僕は絶句しました。サポートさせていただいたのは嬉しかったし、お力になれたことで結果が出たのですが、一歩間違えば、わずか1年のサポートの時期がずれていただけで、廃業になっていたかもしれなかったのです。ご相談をいただき、あのタイミングでサポートできて、本当に良かった。和田さんはお客様を非常に大事にし、エステだけでなくお客様の内面的な悩みから相談にのってくれる、非常に良い店舗経営者です。そのように真面目に営業をしていても、競合との戦いに疲れ切り、地域が異なるにしても、お仲間がそのような廃業というかたちに追い込まれてしまっていたのです。

さて、そんな和田さんですが、ご相談をいただいたとき、昔と比べてSEO（第8章参照）もリスティング広告(同)も効力が弱まり、集客に悩まれていました。ウェブサイトをリニューアルしたいという当初の和田さんの考えていた戦術や、当時の戦略をヒアリングさせていただいたところ、そもそもの「エステ」というカテゴリーで競合と戦っていること自体、根本的なところから悩まれていました。麹町という良立地で長年営業してきたからこそ、この周辺の顧客の求めていることやご自身の強みなども体系的に落とし込んでいるわけではありませんでしたが、なんとなく活路が見出せるのではないかと思いながら、なかなか当時のやり方から脱却できずにいました。そこで、すぐにはウェブ戦略から入るのではなく、根本的な事業戦略から一緒に作り出そうという話になりました。

エステの業界は、脱毛を無料、もしくはほぼ無料に近い価格でアピールして集客してそこからアップセルをしていくという流れが業界的に蔓延していました。安く脱毛を打ち出せば、それなりに新規のお客様は来店してくれます。ただ、そのような「価格の安さ」だけを打ち出して来店してくださるお客様は、リピートにつながりません。安い脱毛を前面に打ち出しながら集客（これをフロントエンド商品といいます）をし、リピートしてもらいながらお客様の本来必要なサービスを提供していく（これをバックエンド商品といいます）という、業界特有の蔓延した流れでは、先細りになっていくことは明確でした。

　そこでマーケティングのフレームワークを用いて、環境分析から始めていきました。顧客が本来求めていることは何か、そして競合はどんな強みを打ち出しているのか、綿密な調査を重ねます。そこからミレニアムサロン独自の強みは、エステとしての外的なサポートだけではなく、業界歴が長い和田さんだからこそ、美容療法として内面的なサポート、メディカルな知識やサポートができることが、他店との明確な差別化であることが見えてきました。

　このような独自の強みを活かし、エステという既存カテゴリーから、メディカル美容という独自のサブカテゴリーを創り出していきました。エステだけではなく、内臓や精神的なサポートから全体をきれいにする、「お肌と健康のお悩み解決セラピスト」というパーソナルアイデンティティを打ち出します。また、整体師の方々とコラボし、ご自身だけではまかないきれない分野もサポートできる、他にはない本質的で健康的な美をサポートする専門家として顧客に価値を伝えていくようになります。仕事の合間を縫って、本質的な健康に関する情報を、オウンドメディアで打ち出すことで、和田さんでないと嫌だという顧客が増えていきました。ウェブサイトやブログだけでなく、ショップカードやニュースレターもリニューアルし、結果的には高騰するリスティング広告費用をかけずに集客できるようになり、現在に至ります。お肌と健康のお悩み解決セラピストです。

エステの激戦区カテゴリーから脱却

「健康美容メディカルエステ」という
新たなサブカテゴリーを開拓
パーソナルブランディングで大躍進

ウェブサイトメインビジュアル

LINE@

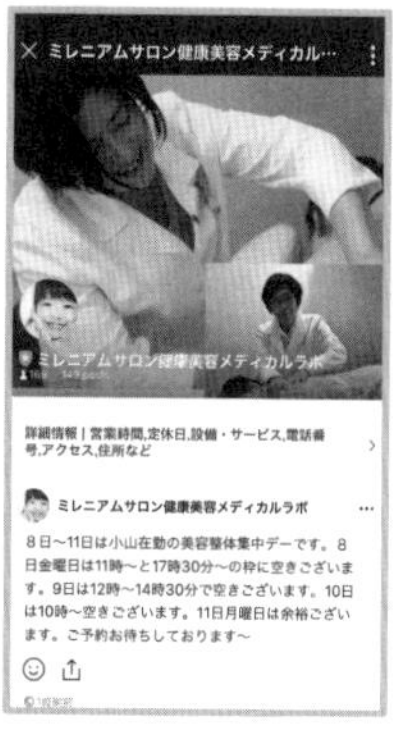

アメブロのビジュアルも
全体と統一させてブランディング

http://www.millennium-net-plaza.com/

2 「工務店」：自然融合ライフを提案し発信する工務店スタッフ

長野県安曇野の松川村にある高橋林業は、昭和9年に木材店としてスタートし、創業80年となります。現在は、設計から木材選び、工務まで一貫してすべてを行なう工務店として事業を展開されていて、一級建築士、一級施工管理技士で代表の高橋平和さんと経理・広報を担当する奥様の高橋てるみさんの、夫婦お2人で事業をされています。通気の良い健康的な家造りを基本理念とし、通気断熱WB工法を取り入れています。

ご相談いただいたきっかけは、このWB工法を取り入れている工務店が全国で約800社あり、これらの工務店が集まる会でのセミナーに僕が登壇させていただいたことでした。後日、奥様の高橋てるみさんから個別でご相談いただき、コンセプトから高橋さん夫婦と一緒に考えていきました。

ご相談いただいた当初は、大手ハウスメーカーや同じような木の家をつくる地域の工務店と競合し、集客に苦しまれていました。さっそく高橋さんに自分の強みを出していってもらったところ、面白い強みが出てきました。通常、こだわりが多い施主を、大手ハウスメーカーは嫌いがちです。ところが、高橋さんはむしろウェルカムだというのです。天然乾燥の木材を吟味し製材するところから家造りをスタートしているので、年間に何棟も建てることができるわけでもないし、そもそも何棟も建てようとも思っておらず、時間をかけてじっくり造っていきたいとのことでした。

そして顧客をセグメントし、ターゲティングを行なっていったところ、大きな気づきを得たのでした。通常、家を建てるというと、子どもが小さい頃に通学区域を考えながら建てることが多く、たいていのハウスメーカーや工務店が、「小さな子どものいるファミリー」というのがメインターゲットになります。一方、高橋さんの場合は、安曇野の気候に憧れるシニアのセカンドライフとしての家づくりが自分たちの強みであり、自分たちのターゲットはシニア層であるということに改めて気づいたのです。

「創業80年という歴史からの信頼感」「木材業だから木を自由にふんだんに使えるということ」「天然乾燥で木の香り、つや、色を楽しめること」「高橋さんが一気通貫ですべてをサポートできること」という3C分析から導き出した自分たちの独自の強みを明文化し、キャッチコピー化したものが「香り・艶・色を楽しむ木づくりの家」というもの。このキャッチコピーはこのままウェブサイトで採用しています。

また、ウェブサイトの写真も、小さな子どものいるファミリーではなく、ターゲットに合わせてシニア夫婦の写真と、ところどころに安曇野での自然と融合した、シニアが憧れるセカンドライフを感じられるデザインになっています。

また、奥様の高橋てるみさんが独特の文才を持たれていて、良い感じにブランドイメージを伝えてくれる文章を書いてくれています。ブログでは安曇野での日々の生活情報を発信されていて、安曇野の寒い冬と温かいストーブでの生活、胸いっぱいに美味しい空気を吸い込んだ新緑の春の様子、夏山を登りここでしか見られないアルプスの景色、自然豊かな秋の食など、安曇野での春夏秋冬四季折々の様子が伝わってきます。ターゲットにはたまらない情報でしょう。ターゲットが知りたいのは家のことではなく、安曇野の自然豊かなライフスタイルなのですから。そしてそのライフスタイルを思う存分に楽しめる家が、木づくりの家ということを知るわけです。

競合のひしめく領域でわざわざ戦うのではなく、自分たちを本当に必要としているターゲットを見つけ出し、そのターゲットに向けてウェブデザインも情報発信も、一貫して自分たちの独自の強みを発信し、ブランディングを行なっていく。まさしくご夫婦のそれぞれのパーソナルアイデンティティを活かし合った、素晴らしいブランディングです。

ターゲットに合わせたビジュアル

ターゲット(シニア)に合わせたモデルでセカンドライフを演出

ウェブサイトのメインビジュアルのデザイン
ひと目で自然豊かなセカンドライフを感じられる

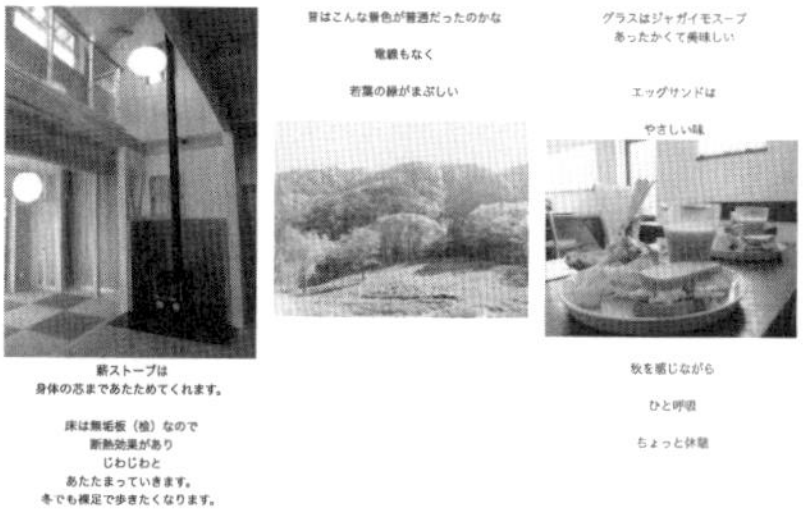

感情に響く言葉やキーワードと写真
ブログを通して伝えている

http://www.kizukurinoie.jp/

3 「スポーツチーム」：個性を発揮し快進撃を続けるプロバスケットボール選手

プロバスケットボールチームの信州ブレイブウォリアーズ。長野県から初めてトップリーグに参戦しているチームです。僕が代表をつとめる株式会社ウェブエイトでは、オフィシャルメディアパートナーとして応援しています。運営会社である株式会社信州スポーツスピリットのスタッフには、ブースター（バスケットボールではファンのことをブースターと呼びます）が喜び楽しんでいただけるイベントにするためのブランディングのサポート、さらに、選手達には今以上にもっとブースターに感動と夢を与えるために、パーソナルブランディングのサポートをさせていただきました。

プロスポーツ選手は、常日頃から自分のスタイルやマインドと向き合っています。しかし、そんな彼らも悩むときには周りの選手のプレースタイルが気になって、自分のプレーができなくなったり、試合に出られないことでモチベーションが下がり練習に身が入らなかったりと、自分を見失ってしまう時期を過ごす選手もいるようでした。

スポーツ選手は、活躍できることが非常に難しく、狭き門なのは周知の通り。さらには選手生命が短いのも、スポーツ選手の宿命です。選手としてどう活躍するか、そしてその後のセカンドキャリアをどうするのか。日々のトレーニングに向き合いながら、今後の人生を見据えた活動が必要になってきます。だからこそ自分を良く知り、パーソナルブランディングをしていくことが重要なのです。

信州ブレイブウォリアーズの選手達にもこの本の内容と同じ流れでパーソナルブランディングを進め、パーソナルアイデンティティを確立し、自分の普段の行動や情報発信を改めて見つめ直してもらいました。

そして、「あなた達は、ブースターに感動と夢を与えるのが本来の仕事。勝っても負けても、SNSやブログを通じて、それぞれ自分にあった情報発信をし続け、独自のパーソナルブランドを築き上げていってください」とお伝えしました。

その後のSNSやブログでの発信は、以前よりも自分の個性を活かした内容に変わってきました。勝っても負けても、見ていて楽しいし、人柄も良く伝わってきます。

パーソナルブランディング後の「B.LEAGUE 東海・北陸アーリーカップ2017」では、初日に勝利し、2日目は惜しくも負けはしましたが攻守両面で好プレー、3日目は勝利。B1チーム相手でも戦える実力を見せてくれました。シーズンは旧bjリーグ時代を含めて5シーズンぶりとなる開幕2連勝を決め、みんなに感動と夢を与えてくれています。

パーソナルアイデンティティを元に快進撃!!

パーソナルブランディング研修の様子

それぞれのパーソナルブランドに合ったデザイン

それぞれが個々のパーソナルアイデンティティに合った情報発信をしている

4 「オーディオ」：独自の魅力をうちだし同世代に選ばれる店主

オーディオ好きな50代60代のための、安心してオーディオを高額売却できるショップ「オーディオ買取屋」。長野県松本市に拠点を構えながら、全国から人気の中古オーディオやレアオーディオを買い取っている店舗です。

実はこの店舗は、私の父親である草間啓介が社長をつとめる店舗で、2010年に創業し、2016年に法人化しました。一時期業績を落としていたのですが、綿密な競合リサーチと高齢者のスタッフに焦点をあてたリブランディングを遂行したことで業績が向上し、その功績が認められ、一般財団法人ブランド・マネージャー認定協会が主催する2016年のブランディング事例コンテストで準大賞を受賞できました。

事業を始めた初年度は年商2000万円を超え、すぐに黒字化。高齢者が老後の片手間でやる仕事としては非常によい状態でした。

ところが、時代とともに問題が出てきました。買取業界は比較的参入障壁が低いので、ライバル店舗が続々と増えていきます。「高額買取」をアピールするだけの店舗が多く、結果的にどの店舗も特徴がなくて買取金額だけの勝負になり、利益がなかなか出せない状況になっていきました。

そこで、ブランディングの出番です。

まずは、サイトを調査するためのWebサービス（第5章3項参照）を活用し、ライバルサイトを解析していきました。

- どんなCMS（第8章4項参照）で構築されているのか？
- トップページはどれくらいの文字数で作られているのか？
- プログラムの品質は？
- サイトの構造はどうなっているのか？

などを調査し、ライバルサイトを丸裸にしていきます。

さらに、秘書代行サービスのオンライン秘書Kaori-san（第10章1項参照）を活用し、ライバルサイトだけではなく、実際の対応も調査していきました。

- 見積にかかった時間はどれくらいか？
- 見積金額はいくらか？
- 電話応対は感じがよいか？

・2m以上のスピーカーを搬送する場合、どんな対応をしてくれるのか？
・50kg以上の重量アンプを搬送する場合、どんな対応をしてくれるのか？
といった内容です。

このような分析から見えてきた父の強みは、

・安心できる
・頼りになる
・同世代である
・親しみやすい
・本当に高い金額で買い取っている

ということでした。オーディオ好きな世代は50代60代が多く、この世代が父と同世代にあたることが、信頼につながっていました。また、「本当に高い金額で買い取っている」という事実は、父がお金のためにやっているわけではないので、お給料を少ししか貰っておらず、その分をお客様に還元して買取金額を高くしていたからでした。

さらに過去データから今までの顧客を分析し、優良顧客となるターゲット層を導き出し、ペルソナを作成していきました。ペルソナがどんな人物だと安心、信頼できるのかを考察し、「ジャズ喫茶のマスター」のような世界観を作り出していくことにしました。

たとえば、父のプロフィールページでは、ジャズ喫茶のマスターのような写真と、物語を通じて共感を生み出す手法「ストーリーテリング（8章2項参照）」を活用した紹介文で、同世代である顧客に信頼と共感を与える内容になっています。

他にも、職場の一部を、ジャズ喫茶を連想させるような壁に改装しました。その壁を背景に、父がジャズ喫茶のマスターのような出で立ちで、「安全にスピーカーを送るための梱包手順」を解説した動画を作りました。この動画はわかりやすいとお客様から評判で、視聴回数は本書執筆現在で3000回を超え、多くの方にご覧いただいています。

メールの文章も「ジャズ喫茶のマスター」のような世界観を大事にしていて、たとえば「当店をご贔屓くださり」や「お客様のご健勝を心よりお祈り申し上げます」など、高齢者独特の言い回しや漢字を活用しています。

細部にわたり、ブランドの世界観を一貫して演出することでライバルとの差別化に成功し、顧客は他店ではなく草間啓介という店主がいる「オーディオ買取屋」を選んでくれるようになりました。

年商は、リブランディングを行なう前の2000万円から、今では5000万円を超えています。業績が向上し、多くの利益が出ることで新たに若いスタッフを雇うことができるようになり、さらに売上が伸びていくという好循環につながっています。

5 「外国語スクール」：外国人講師と日本人講師達で地域ナンバーワンスクールに

「5年で世界へ」。子供達を5年で世界と共存できる人材に育てるというメッセージが込められています。これは長野県松本市と岡谷市にある外国語学校エー・トゥー・ゼットのキャッチコピーです。外国語学校だけではなく、通訳・翻訳、法人向け語学研修、公教育の英語指導サポートと、世界との共存をテーマに幅広く事業を展開し、地域のグローバル化に貢献している企業です。

当初はウェブサイトのリニューアルのご相談をいただきましたが、ヒアリングさせていただく中で、求めているのはただのウェブサイトのリニューアルではないと感じました。ウェブサイトリニューアルはあくまでも手段であり、スタッフみなさんが今後どう企業を発展させていくかという、根本的な外国語学校全体の事業ブランディングをご提案させていただき、サポートが開始しました。

ただの外国語スクールではなく、世界との共存をテーマにしている企業ですから、かかわるスタッフのポテンシャルも人一倍高く、事業ブランディングの中の1カリキュラムとして、合わせて各スタッフへのパーソナルブランディングも取り入れ、実施しました。

外国語学校の事業ブランディングは、自動翻訳やアプリが間接競合となる中で、これからのサービスと市場がどうなっていくのかを見定めるためのアンゾフの成長マトリクスを用いて戦略を整理し、外部環境からどう影響を受けるのかを仮説立てするためのPEST分析、戦略を絞り、定めていくため、3C分析などのマーケティングのフレームワークを用いて進めていきました。外国語スクールだけではなく、世界とのコミュニケーション能力を高める教育を展開していくのだ、といった目的がスタッフみんなに改めて浸透し始めているのを感じました。

松本校、岡谷校それぞれに地域柄、顧客層も異なります。各校に分かれ、それぞれにターゲティングした中から、さらに自分たちの価値を最大限に提供できる、象徴的な仮想人物像ペルソナを導き出し、事業としてのコンセプトを掲げます。このコンセプトが、キャッチコピーでもある「5年で世界へ」です。自分たちの想いと、生徒たちを世界で通用する人材に育て上げる覚悟が込められた、素晴らしいコンセプトです。

コンセプトをもとに、マーケティング戦術を考えていきます。でもいくら良いマーケティング戦術の計画を練っても、実際に実行しなければ結果は変わりません。そしてそれを実行していくのはチームの誰かではなく、自分なのです。1人ひとりが主体性を持って、自分のタイプを知り、パーソナルブランドを活かし、かつ、チームとして向かうゴールを一緒にすることで、チームとしてのブランディングが成り立っていきます。

特に中小企業の場合は、業績が人材に左右されやすいものです。パーソナルブランディングを行なうことで、スタッフ1人ひとりの多様性、自分とみんなの集合体が外国語学校エー・トゥー・ゼットという事業ブランドだということを、改めて認識していただきました。

さすがはポテンシャルの高い人達が集まったチーム、自らタスクに優先順位をつけて、どんどんと行動に移していきます。チームとして進むべき道が見え、それぞれの役割がわかり、さらには自分のタイプを知ることで強みを活かし、それぞれを尊重し合いながら、今まで以上に自分の仕事にコミットするようになったと見受けられました。

スタッフ紹介のページをご覧ください。それぞれ各人が自分の体験をもとに、外国語に対する想いや今の仕事に就くことになったきっかけなどを掲載してくれています。ただのステータスだけが並べられたプロフィールではなく、その人のストーリーが感じられることにより、共感と親近感が生まれてきます。それぞれのパーソナルブランドも事業ブランドもうまく活かし、これからも地域のリーディングカンパニーとして、世界とつながる社会を築いていってくれる貴重なブランドです。

パーソナルブランディングと企業ブランディング

パーソナルブランディングと
企業ブランディングを
スタッフみんなで進める

ウェブサイトのメインビジュアルデザイン
https://www.atoz-school.com/

カタログ

表は子供向け
メッセージ

裏は大人向け
メッセージ

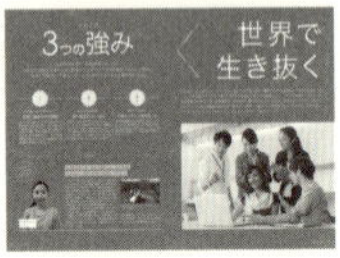

第3章

「さあ始めよう！ステップ1」まずは自分をもっと知ることから

1 9タイプから自分がわかるエニアグラム

さあここからはパーソナルブランディングを具体的に進めていきましょう。まず第3章では「自分をもっと知る」というテーマで進めていきます。

ダイバーシティ（多様性）が重要視される昨今、個性を活かすことが求められます。では「あなたはどんなタイプですか？」と聞かれて即答できるでしょうか？　残念ながら自分のことをしっかり答えられる人は多くありません。人は自分のことを知らないものです。

自分のタイプを知る手段として「エニアグラム」という性格分類を活用します。エニアグラムでは、人間は9つのタイプに分かれ、1つの本質を持っているという考え方に基づいて分類します。本書ではあなたがエニアグラム診断で出てきたタイプに影響を受けないよう、あくまでも周りと自分の考え方は異なるということを念頭に置いて進めてください。あなたがどんなタイプだとしても、それ自体かまいません。会議で思いつきでバンバン発言する人。逆に熟考してアイデアを出す人。がんがんチームを引っ張っていく人。逆に後方から見守る人。名声が大事な人、人の助けになりたい人、楽しさを追求する人。どんなタイプの人も必要ですよね。タイプが違うから考え方も出て来るアイデアも異なり、シナジー（相乗効果）

が生まれるのです。

エニアグラムの9つのタイプを簡単に紹介しておきます。

・タイプ1　完全でありたい人

完全を求めて、努力を惜しまず、重い責任も投げ出さないタイプです。反面、完全に対して厳しすぎ、常に満足することなく欠点を探してしまうという特徴もあります。

・タイプ2　人の助けになりたい人

親切で優しく周りに対して尽くすというタイプです。反面、いき過ぎた親切がおせっかいとして思われていることに気づけず、いら立ってしまうという特徴もあります。

・タイプ3　成功を追い求める人

高い目標を掲げ、効率性を追求し、成功をものにしていくタイプです。反面、認められたいがために自分を大きく見せ、他人の評価を気にしすぎる特徴もあります。

・タイプ4　特別な存在であろうとする人

個性的で、冒険的な体験や深い感動を呼ぶことができるタイプです。反面、自分が特別な存在であると思い込み、周囲から孤立しがちという特徴もあります。

・タイプ5　知識を得て観察する人

勤勉で、冷静な分析ができ、判断力もあるタイプです。反面、知識を過大評価しがちで、頭でっかちになり、あまり進んで行動しない、行動できないという特徴もあります。

・タイプ6　安全を求め慎重に行動する人

マニュアルを大事にし、義務をしっかり果たす、しっかり者のタイプです。反面、過度に用心深くて、自分の判断で要領良く行動できないという特徴もあります。

・タイプ7　楽しさを求め計画する人

アイデアマンで理想的な未来を描き、常に楽しい人生を歩めるタイプです。反面、大変そうなことは回避しようとする傾向があり、逃げたり丸投げしてしまう特徴もあります。

・タイプ8　強さを求め自己を主張する人

正義を愛し、力がみなぎり、人を引っ張っていけるタイプです。反面、自分の考えを正義と捉えてしまい、他の人の意見を聞けないという特徴もあります。

・タイプ9　調和と平和を願う人

腰が低く周りを尊重し、争いを避け、穏便に過ごせるタイプです。反面、自分の意見を言えなかったり、何を考えているかわからないと思われてしまう特徴もあります。

エニアグラムは、本来しっかり診断するに越したことはないのですが、本書ではすぐに診断できる方法を紹介します。検索エンジンで「エニアグラム診断」で検索してみてください。ネットで診断できるサイトがいくつもあり、あなたのタイプをスピード診断できます。

エニアグラムでいう9タイプとは

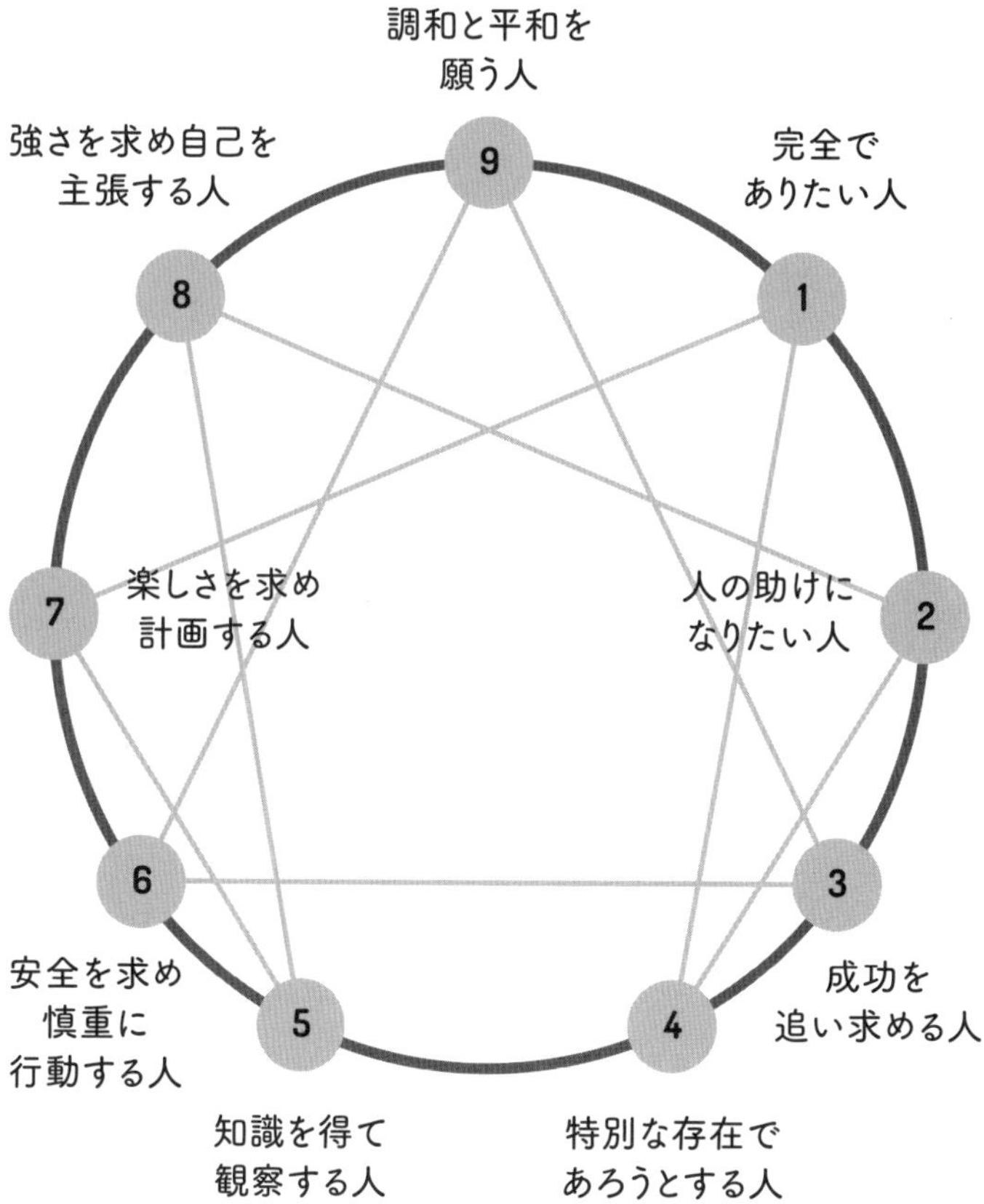

2 人間は生まれた時はみな一緒、でも育ち方で違ってくるもの

自分のタイプを改めて診断したあとは、今度はあなたの過去に目をあてていきます。

人は生まれたとき、人格や人柄を持ち合わせていません。誰でも生まれたてのゼロから始まります。身体的なDNAの影響はあっても、周りから何かしらの影響を受け、今の思考、現状の生活を送っているのです。どんな人でも大阪に生まれれば大阪弁をしゃべり、青森に生まれれば青森弁をしゃべります。僕たちは周りの影響を受けて育ち、今の思考で行動をしているのです。

それでは、あなたの親は誰に育てられ、あなたに対しての教育にどんな影響を受けたのでしょうか？　祖父母は？　さらに先祖は？　ここではあなたの人生の過去だけではなく、必ず影響を受けているであろう先祖までもできる限り探ってみたいと思います。「YouTube momondo 日本語」で検索して動画を見てみましょう。あなたが思っている以上に、あなたは多くの人達と繋がっているのです。

まずはご健在であれば、親に自分をどう育てようと考えたのか、なぜそのような考えに至ったのかを聞いてみましょう。そして祖父母、曾祖父母にも聞いてみましょう。

例えば、僕の話をすると、若い頃から「市長になりたい」と話していました。今はまったくそう考えておらず、民間で事業を進めたい気持ちのほうがはるかに大きいのですが、なぜそう考えていたのか、自分でも不思議でした。両親は普通に共働きでしたし、祖父母も一般的な人でした。しかし、曾祖父の話を聞いて納得しました。曾祖父は村長で、地域や他人に大盤振る舞いしてしまう人だったようで、家族はハラハラドキドキ困っていたようです。反面、周辺地域や寺院などからはとても尊敬され感謝されていました。そんな話をちゃんと聞いたことはなかったのですが、曽祖父の想いが時代を超えて僕に伝わっていたのでしょう。

そんな親や先祖達に感謝し、今の自分があるのはすべて先祖からつながっているからだということに気づくことで、改めて自分に誇りと自信を持てるようになり、これからの未来に向けて自分の立ち位置とミッションがより明確になり行動しやすくなりました。

他にも例えば、こんな人がいます。その人は、争い事をとにかく避けます。普段はしっかりと自分の考えを言える人なのですが、他者と意見が違うと、自ら口論を避け、とたんに自分の考えが言えなくなってしまいます。

この人の過去を探っていったところ、幼少時代のご両親の離婚が関係しているようでした。ご両親が離婚したこと自体を悪く思っているわけではなく、自分を不幸に見ているわけでもなく、むしろそのことによって得られた経験を自信にして、素晴らしい人間性を身につけている人です。ところが、先ほど述べたように人と考えが違うととたんに自分の意見が言えない。それは幼少時代に両親が言い争いをしている姿がイメージに残っていて、それが今の自分が他人と口論できないという理由につながっていることに気づきました。

このことに気づけたことで、最終的には他人の意見も尊重して聞き入れつつ、自分の意見もきちんと自信を持って伝えられるように変わりました。過去を受けとめ、課題・問題を乗り越え、自分の未来を描き出した好例ですね。

世の中には自分の現在の境遇や生い立ちに引け目を感じていたり、場合によっては恨んでいる人もいるかもしれません。でもあなたが今ここにいるのには意味がある。どんな人でも親、そして先祖が存在し、彼らの希望を受け継ぎながら今ここにいるのです。

このように、自分がどう育ち影響を受けてきたのか、さらに親も、親のそのまた親も同様にどう育ちどういった影響を受けてきたのか、継承されてきた歴史と自分の成り立ちを知ることで、これから先の未来を描きやすくなります。描きやすくなるだけではなく、今の自分に自信を持って進むことができるので、成功の可能性が高まるのです。先祖代々受け継がれきたDNAと思考があり、今の自分がある。そう考えると、自分のことをより誇りに感じませんか？　そして活力が湧いてきませんか？　その誇りと活力を大事にしながら、自信を持って次のステップに進んでいきましょう。

3 キャリアを始めた時と今の自分の違いを見る

自分の過去、そして先祖代々受け継がれてきたDNAと思考を確認したら、今度はあなた自身のキャリアを見ていきます。

キャリアはあなた自身が頑張って身につけてきた経験や知識ですね。必死に頑張っているときはわからないかもしれませんが、その経験の意味があとあとつながってきます。僕もふと昔を振り返ると、当時は意味がないと思っていたことが、今では全てが経験値として血となり肉となっています。また、その時はつらい失敗や恥ずかしい経験も、必ず糧になっていますし、そもそもその失敗や経験がなければ、次のステップに進めてなかったことを改めて感じることができます。

さて、ここでは自分のキャリアを確認し、自分の成長を見直していくのですが、確認するための手段として、キャリアグラフというものを使います。目次最後のQRコードまたはURLからダウンロードできるので、プリントアウトしてご利用ください。

キャリアグラフ（筆者の例）

※目次最後のQRコードまたはURLからダウンロード

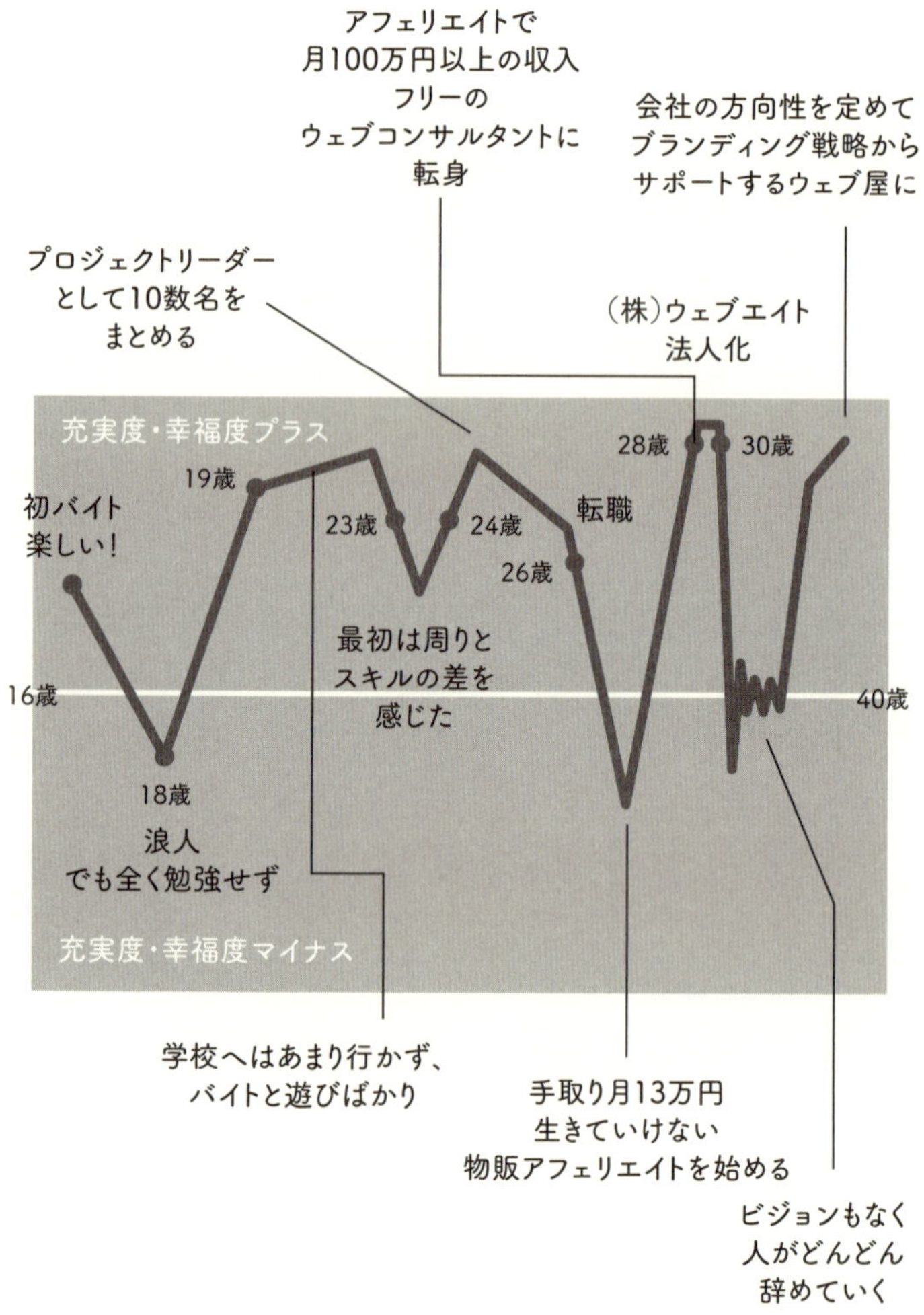

このシートをプリントアウトしなくても、普通に紙に1本横線を引き、横には「年齢」、縦はプラスとマイナスで「充実度・幸福度」でグラフを引いていけば結構です。ちなみにタイプや過去・先祖は見てきたので、本書ではキャリアに関することだけをグラフ（図・表）化していきます。

参考として、僕のキャリアグラフを例にしながら説明していきます。まずはキャリアスタート時の年齢を横軸の左端に書き加え、横軸の一番右に現在の年齢を書きます。僕の場合のキャリアスタートは、アルバイトを始めた16歳から。そして現在40歳です。間の20歳、30歳をだいたいの間隔で構いませんので、記入してください。そして縦軸は「充実度・幸福度」のプラス・マイナスです。上がプラス、下がマイナスですね。後は自分の思う流れで、あの業務、あの役職、あの仕事をしていたとき、充実度・幸福度はどうだったかを思い出しながら、流れを線でグラフ化してみてください。

何かしら凹凸ができるので、その凹凸に合わせ、当時何があってどんな思いだったのかを記入していきます。僕の場合は、高校生の時のアルバイトはあまり身になっていませんが、大学生時代の経験が今につながっています。先輩に誘われて学生ながらもなぜかネットワークビジネスにはまったり（友人をなくしそうだったので結局やめましたが）、スナックでバイトをして、バイトながらマネージャーとしてお店のお金を任されお店運営の経験ができたり。

また他の大きな振幅があるところでは、副業ながらにアフィリエイトで月100万円以上の収益を得て、当時身に付けたマーケティングとウェブのスキルは今でも活かされています。法人化して調子が良かったのですが、副社長を任せていた人が離れ、他のスタッフも辞めて、自分の欲望には誰もついて来ないという当たり前のことに気づかされ、そこから改めてスタッフの想いやビジョン・ミッションを大事した経営スタイルに変更していき、だんだん良くなってきた流れなど。

一連のキャリアグラフを書くことで、自分がどんな失敗をして、その代わりにどんな力やスキルを付けてきたのかが見て取れます。また改めて1つひとつが無駄ではなくて、つながっていることがよくわかります。誰かと比較するのではなく、過去の自分と比較すれば必ず何かができることが増えているはずです。そのできるようになっていること全てがキャリアであり今の自分の力だということを誇りに思ってください。

スティーブ・ジョブズ（アップル社創業者）がこんな言葉を残しています。

Connecting the dots（点と点を結び付ける）

失敗しても努力した行為には価値があり、いずれその努力した行為と価値がベストに繋がっていくと僕は信じています。だから失敗を恐れず今の仕事にベストを尽くし続けたいものですね。

4 自分ができるようになったことは？
ナンバーワンでなくても良い

さあ、今まで自分の本来のタイプをエニアグラムで、そして先祖を含めた自分の過去、さらにキャリアをキャリアグラフで深掘りしていただきました。こうやって見てみると、自分というものがどれだけの人とかかわりあい、今の自分が形成されてきたかがわかります。

SMAPの楽曲「世界に1つだけの花」の中で有名なフレーズがありますよね。

「ナンバーワンにならなくてもいい、もともと特別なオンリーワン」

このフレーズのとおり、人はそれぞれ特別な存在です。ところが大人になるにつれ、周りと自分を比較してしまい、どこか一部分だけで勝ち負けを意識し、自分を卑下してしまう人がいます。こうやってタイプ、過去、キャリアを見れば、人と自分は全てが違うのですから、比較する必要はまったくありません。

ここではありのままに自分の強みを出していきます。自分の強みと言いましたが、過去の自分ではできなかったことで、いまはできるようになったことで構いません。キャリアグラフを見れば、グラフ的に見て落ちているとき、または昔の自分と比較すれば、いまできるようになったことはたくさん出てくると思います。

アメリカの陸上競技選手、マイケル・ジョンソン氏はこんな言葉を残しています。

The only one who can beat me is me.（私を倒せるのはただひとり、私だけだ）

周りではなく自分の過去と比較してみてください。必ず成長していますよね。ケガや加齢で、肉体的に衰えていることはあっても、反面、精神的な大きな成長をとげていることでしょう。さて、ここでやっていただくステップを説明します。

①5分で自分の強みを30個書き出す

強みはナンバーワンでなくて構いません。過去の自分や気持ち的に落ちていたときの自分と比較すれば、たくさん出てきます。5分間で30個一気に書きだしてください。書く紙はノートでもなんでもかまいません。

②ベスト3を決める

書き出した30個の中から、自分が好きなキーワードを3つ抜き出してください。抜き出したキーワードには○を付けておいてください。○以外のキーワードも後ほど使います。

③自分をほめたたえ明文化する（50文字～100文字で）

雛形に当てはめて明文化してみましょう。「こんなタイプ（エニアグラムのタイプを参考に）」で「こんなところ（強み出しキーワードから抜き出す）」が優れていて、「こんなこと（キャリアグラフから抜き出す）」ができる、この世で唯一の人です。

例えばグラフィックデザイナーであれば下記のように書き出します。

「私は思慮深く積極的に知識を得ていくタイプで、周りへの配慮を常に欠かさず誰からも好かれ、プロジェクトを円滑にまわせるグラフィックデザイナーです」

さあ、いかがでしょうか？　自分をほめたたえる文章ができましたでしょうか？

中には、まだうまく自分のことを明文化できない人もいるかもしれません。

例えば、過去のパーソナルブランディングセミナーで、こんな方がいらっしゃいました。

30代後半で、背が小さめ、ころころと丸く可愛らしい容姿で、子供2人（13歳、11歳）の母親でした。わりと早く結婚したので、あまり仕事の経験がなく、自分には何もないけど何か自宅で仕事をしたいと考えているということでした。でも僕からしたら、子供を2人も生んで育てている時点でリスペクトです。つまり、「ママである」ということも強みですよね。また「あまり仕事経験がない人の気持ちが良くわかる」ということも強みです。さらには「低姿勢」という強み、「人の言うことを受け止められる」という強みもありますね。

このように世間と比較するのではなく、自分をほめまくる文章を作って、思う存分自己承認して気持ちのよい状態を自分に与えてあげてください。

あなたの強みを5分で30個以上出すコツ

ナンバーワンでなくても良いので、
できること、持っていることを何でも書き出す

エニアグラムのタイプで見たあなたの良いところ

例 信念を持っている、何事においても完璧主義、理想を追い求める、努力を惜しまない、常に公正さを求める、積極的である、人の助けになりたい、情愛深い、直感力が鋭い、相手の気持ちに同調できる、効率的に物事を進める、努力できる、感受性豊か、感動して泣ける、思いやりがある、知的好奇心旺盛、人をよく観察する、安全第一主義、楽しいこと大好き、思いついたらすぐ動く、落ち着いて行動できる、客観的に人を見れる、弱みを見せない、弱みを見せることができる、etc

キャリアグラフを見て、あなたが身に付けてきたこと

例 母親である、父親である、子育てを頑張ってきた、子供がいない人の気持ちがわかる、1人でキャリアをみがいてきた、人に頼ることができる、バイト歴が長いからバイトの気持ちが良くわかる、大風呂敷を広げる時代があったから今は人が大げさに言っているかどうかがわかる、札束を数えるのが早い、すごく元気に挨拶ができる、良い声を出せる、字がきれい、バスケットが得意、野球が得意、走るのが速い、etc

他、外見、内面、スキル、性格、なんでも良いので持っていること

例 オシボリで何か作るのがうまい、宴会芸がうまい、モノマネができる、目が良い、肌が綺麗、かっこいい、頭がふさふさ、頭が薄いのをネタにできる、目の色素がうすい、メガネが似合う、飲むとキス魔になり周りとすぐ親しめる、顔にキズがあるので覚えてもらえやすい、人の名前をすぐに憶えられる、ブラインドタッチができる、背が低いので覚えてもらいやすい、背が高いので覚えてもらいやすい、美人、かっこいい、ブサ可愛い、愛嬌がある、etc

タイプ、過去、キャリアを抜き出し、そこから自己承認をすることを続けてきました。なぜここまで自分に対して向き合うということをしてきたのかをお伝えします。

5 自信が9割ものを言う。自尊心を育もう

これまでパーソナルブランディング講座を何度も開催してきましたが、受講された多くの人達に1つの大きな壁があることを実感してきました。その大きな壁とは、マインドブロックです。潜在意識の中でネガティブなイメージや自信のなさがじゃましてしまい、目標に対して一歩目を踏み出せなくなってしまいます。どうせやっても無駄だからと思ってしまい行動できず、だからいつまで経っても状況が変わらず、状況が変わらないから不安になり現状に対して常に不満を感じ、自分の人生に対してなんとなく幸せに感じることができない、でもどう変えれば良いのかわからない、といった悪い循環の無限ループです。

1つ興味深いデータがあります。Jリーガーを誕生月で分けてみると、「4月生まれ」のほうが「3月生まれ」と比べると約2倍多いというデータです。1～3月に生まれた人は早

生まれと言われますね。子供の頃は学年が1つ違うだけで身体的な能力の差を感じると言われていますが、同じ学年でも4月生まれと3月生まれだと1年近く離れています。ですが、大人になればそんな違いを感じることはありませんし、生まれた月で運動神経に差があるのかといえば、普通に考えてそれはないはずです。では、なぜ2倍も違うのでしょうか？　これは子供の頃に「自分は運動ができる！」という自信を持てるか持てないかの差と言われています。自信が持てれば楽しくなりもっと積極的にサッカーに打ち込めるようにもなり、難しいプレイにも果敢に挑戦していきます。ですが、「自分は運動が得意でないかも」と思ってしまうと、この逆です。自信がないから積極的になれないし、どうせ自分はできないからと難しいプレイに挑戦しようとしないし、挑戦しなければそもそも上手くなるはずがありません。

パーソナルブランディングでも同様のことが言えます。自信がなければ行動ができないのです。行動しなければ何も変わらないのです。あなたは幸せな人生を送りたいですか？　おそらく不幸せな人生を送りたいと思っている人はいないでしょう。誰でも幸せな人生を送りたいと思っているはずです。でも自分に自信がないのに幸せと感じることができるでしょうか？　幸せには、自信が必要なのです。もちろん天狗になれということではありません。自己承認をしっかりとしてあげて、自尊心を高めましょう。

自尊心を高めることで、改めて自分のまだできていないところ、弱いところを卑下することなく受け入れられるようになります。他者のほうが一部優れている部分があったとしても、その部分だけで引け目を感じることなくリスペクトできるようになり、自信に満ち、かつ他者への配慮や尊敬の念を持って接することができるので、周りに対しても良い影響を与えられる人になっていきます。そしてそれがまたさらに自信に変わり、自尊心がもっと高まっていくという良い循環に変わっていきます。

ここでアインシュタイン氏とマイケル・ジョーダン氏の言葉を紹介しておきます。

「狂気。それは、同じことを繰り返し行ない、違う結果を予期すること」アルベルト・アインシュタイン

なんか良いこと起きないかなぁと思いながら、同じような毎日を過ごしているのは気が狂っているといっています。

「ステップ・バイ・ステップ。どんなことでも、何かを達成する場合にとるべき方法はただひとつ、1歩ずつ着実に立ち向かうことだ。これ以外に方法はない」マイケル・ジョーダン

マイケル・ジョーダンでさえ、1歩ずつ着実に立ち向かっていったからこそナンバーワンになれたのです。最初からなんでもできる人はいません。オンリーワンな自分に自信を持って、自分の可能性を信じて、自尊心を育んでください。楽しく幸せな人生を送るために、パーソナルブランディングの一歩目を、さあ踏み出しましょう。

自分の可能性を信じ、自尊心を育む

マイケル・ジョーダン

「ステップ・バイ・ステップ。どんなことでも、
何かを達成する場合にとるべき方法はただひとつ、
一歩ずつ着実に立ち向かうことだ。これ以外に方法はない」

一歩ずつ着実に立ち向かう

↑

自尊心を育む

↑

自分の可能性を信じる

↑

惰性した日々を過ごさない

アインシュタイン

「狂気。それは、同じことを繰り返し行ない、
違う結果を予期すること」

第4章

「さあ始めよう！
ステップ2」
あなたを本当に
必要としている人は
誰ですか？

1 直感的に3種類の顧客を抜き出す

さあ、第4章では顧客に目を向けていきましょう。

マーケティングの権威、フィリップ・コトラー氏が提唱する戦略のひとつにSTPマーケティングがあります。セグメンテーション（Segmentation）、ターゲティング（Targeting）、ポジショニング（Positioning）、の頭文字をとってSTPというのですが、市場を細分化し、ターゲットを決め、そのターゲットの志向などを分析し、攻略するための価値を表現していくマーケティング戦略のことを指します。このSTPマーケティングだけでも相当な時間と労力、リサーチの情報量が必要になるのですが、本書では「自分1人で1日で」を前提に、大事なポイントに重点を置いて進めていきたいと思います。

これから新しくビジネスを立ち上げる方、ターゲット層をあえて変えていく方は、自分なりのターゲット層を考えていただければよいでしょう。すでに事業をしていてターゲット層が定まっていない方は、本書の「3カスタマーシート」を活用して、STPマーケティングのST（セグメンテーション、ターゲティング）を進めてください。目次最後にあるQRコードまたはURLからダウンロードできます。このシートの使い方を説明します。

3カスタマーシートの参考例

今までお付き合いのあったお客様の中で、良いお客様を3者あげてください。
※金払いだけではなく、コミュニケーションのとりやすさも含めて。

GOOD!! 1 K社 工務店、売上4億、従業員数6名、社長の年齢48歳、社歴10年 2 D社 小売業、売上30億、従業員数34名、社長の年齢53歳、社歴34年 3 A社 スクール、売上10億、従業員数80名、社長の年齢58歳、社歴25年
よかった点 ・従業員さんのモチベーションが高い ・社長と直接戦略の話ができる ・社長が勉強家 ・プロモーション費にお金をかけ慣れている ・コンサルを雇ったことがあり、慣れている ・社風がよい

今までお付き合いのあったお客様の中で、良いけど悪い部分もあったお客様を3者あげてください。
※金払いだけではなく、コミュニケーションのとりやすさも含めて。

Average!! 1 N社 観光業、売上8億、従業員数24名、社長の年齢69歳、社歴50年以上 2 S社 サービス業、売上2億、従業員数5名、社長の年齢44歳、社歴8年 3 K社 サービス業、売上2億、従業員数4名、社長の年齢59歳、社歴4年
よかった点 ・決めるとすぐに行動してくれる ・チャレンジ精神がある 悪かった点 ・社長が我々に頼り切り ・あまり勉強家ではなさそう ・口べた

今までお付き合いのあったお客様の中で、嫌だったお客様を3者あげてください。
※クレーマーで金払いも悪いなど、あまりお付き合いしたくなかったお客様。

BAD!! 1 H社 工務店、売上2億、従業員数2名、社長の年齢48歳、社歴2年 2 T社 サービス業、売上40億、従業員数200名、社長の年齢41歳、社歴45年 3 S社 小売業、売上5億、従業員数5名、社長の年齢46歳、社歴30年
悪かった点 ・社長があまり勉強していない ・すぐに社員任せにして、自分で決断していない ・少し大風呂敷を広げる癖がある ・お金さえかければなんとかなると思っている ・規模が大きすぎる ・従業員と上司の仲が悪い

①Ｇｏｏｄ顧客（良い顧客）

まずは今まで事業をしてきた中で、印象の良い顧客を3者（もしくは3社、法人の場合は商談窓口になった人）を抜き出してください。金払いだけでなくて、その後のお付き合いや人柄も含めます。例えば、「お金はいくらでも出すから」と言いながら細かいことに注文が多いといった「お金払いは良いけどなんか上から目線」顧客はここには入れないでください。あなたの身の丈にあった良い顧客を抜き出してください。抜き出したら、その下にある「良かった点」について思い当たる限り書いてみてください。

②Ａｖｅｒａｇｅ顧客（普通顧客）

ここには顧客ではあるけど、なんか引っかかったり、合わないなぁと思っている顧客を書き出してください。①で挙げた、「金払いは良いけどなんか上から目線」で合わないといった顧客もここに入ります。また、感じも良くていつも仕事を依頼してくれるけど、なんだかんだ最後に値切ってくるという顧客もここでしょう。向こうはこちらを気に入ってくれているだろうし、よく買ってくれるから良いんだけど、自分の中でも理由はわからないだけどなんとなく合わないという顧客もここに書き出してください。そして同様に、「良かった点」「悪かった点」を抜き出してみてください。

③Ｂａｄ顧客（悪い顧客）

ここにはクレームになった顧客や、そもそも買っていただけなかった顧客などを書いてください。たまに「基本的にどの顧客も愛しているから、悪いところなんて見ることができない」という方がいらっしゃいます。その想いや確立された全顧客への想いは素晴らしいのですが、逆に言えば客観的にターゲットを見ることができていないことにもなります。顧客は全員同じではないので、いろいろなタイプ、いろいろな想いの顧客がいます。冷静に客観的に、自分と合わない顧客を3者抜き出し、これまでと同様に悪かった点を書き出してみてください。

いかがでしたでしょうか？

3者すべて埋まりましたでしょうか？　さらに、それぞれの「よかった点」、「悪かった点」を書き出すことができたでしょうか？　次のステップで顧客をさらに深く見ていく作業をしていきますので、「よかった点」「悪かった点」は、たくさん書き出してみるということを意識してみてください。

なお、常に社内にいて、社内での立ち位置を考えているという方は、顧客というより周りのスタッフで誰がターゲットになるのか？　と考えていけば良いでしょう。

それでは次のステップへ進みましょう。

2 属性を区分けし顧客を絞り込む

3カスタマーシートで良い顧客、普通顧客、悪い顧客を書き出した後は、顧客それぞれの基本属性を書き出します。書き出していく属性は次の通りです。

・基本属性

ターゲット層の基本的な属性です。

※基本属性の参考例

年齢、性別、収入、職業、家族数、住居形態、家族構成、貯蓄、資産、学歴、生活嗜好、在学校の所在地、居住地人口、企業規模、通勤手段、所有車、趣味嗜好、習い事、スポーツ活動、情報収集媒体、外見的特徴・服装、性格、etc

・変動属性

あなたの業種業態により、変動的に変わる属性です。

※変動属性の参考例

あなたの商品・サービスを利用する回数、1ヶ月の小遣い、週に飲みにいく回数、平均飲食金額、週の習い事の回数、美容品に使う月の額、etc

セグメーションとターゲティング

参考例1

性別	男性　女性
年代	10代　20代　30代　40代　50代　60代　70代
居住地	長野県内　東京　神奈川　千葉　埼玉　群馬　茨城　新潟　石川　岐阜　名古屋　静岡　大阪　京都　兵庫　福岡
家族構成	一人暮らし　夫婦　夫婦＋子ども　夫婦＋子ども＋祖父母　パートナー
職業	会社員　主婦　自営業　パート　定年退職
住居	賃貸アパート　賃貸マンション　賃貸一軒家　所有一軒家　所有マンション　二世帯住宅
趣味	旅行　食べ歩き　ウォーキング　ランニング　ヨガ　ゴルフ　山登り　読書　映画鑑賞　音楽鑑賞　舞台鑑賞
	園芸　カラオケ　囲碁　将棋　スポーツジム　水泳　茶道　華道　俳句
	料理教室　太極拳　ボランティア　地域のコミュニティ参加
世帯収入	100万円未満　300万未満　500万未満　700万未満　1000万未満　1500万未満　2000万未満 2000万円以上　年金
情報収集	新聞　雑誌　口コミ　Facebook　Instagram　Twitter　ブログ　テレビ　ラジオ　本　インターネットサイト
食の好み	和食　洋食　中華　多国籍料理　大食漢　質より量　量より質　健康志向　外食　家食　野菜好き　肉好き

参考例2

性別	男性　女性
年代	10代　20代　30代　40代　50代　60代　70代
居住地	長野県内　東京　神奈川　千葉　埼玉　群馬　茨城　新潟　石川　岐阜　名古屋　静岡　大阪　京都　兵庫　福岡
家族構成	一人暮らし　夫婦　夫婦＋子ども　夫婦＋子ども＋祖父母　パートナー
職業	会社員　主婦　自営業　パート　定年退職
住居	賃貸アパート　賃貸マンション　賃貸一軒家　所有一軒家　所有マンション　二世帯住宅
趣味	旅行　食べ歩き　ウォーキング　ランニング　ヨガ　ゴルフ　山登り　読書　映画鑑賞　音楽鑑賞　舞台鑑賞
	園芸　カラオケ　囲碁　将棋　スポーツジム　水泳　茶道　華道　俳句
	料理教室　太極拳　ボランティア　地域のコミュニティ参加
世帯収入	100万円未満　300万未満　500万未満　700万未満　1000万未満　1500万未満　2000万未満 2000万円以上　年金
情報収集	新聞　雑誌　口コミ　Facebook　Instagram　Twitter　ブログ　テレビ　ラジオ　本　インターネットサイト
食の好み	和食　洋食　中華　多国籍料理　大食漢　質より量　量より質　健康志向　外食　家食　野菜好き　肉好き

基本属性と、変動属性を空欄にしたターゲティングシートを用意してありますので、ご利用ください。

変動属性は、参考例をもとに、あなたの業界の属性を書き出してください。

次に、3カスタマーシートに書いてある顧客の範囲で、それぞれの属性を区分けしていってください。今までお付き合いのあった顧客、直接取引にならなかった顧客でもかまいません。可能性のある範囲はすべて区分けとして書き出すようにしてください。年齢なら例えば、10代、20代、30代……90代、100代と、10代ごとに世代を区切ったり、家族構成であれば、1人暮らし、夫婦、夫婦＋子供2人、3世代、と区分けしてください。変動属性も同様に空欄部分にあなたの業界で必要となりうる属性を書き出し、区分けしてください。

属性出しと区分け（ここまでの作業をセグメンテーションと言います）が終わったら、今度は顧客を絞り込む作業(これをターゲティングと言います)に入っていきます。ターゲティングは次のように行ないます。

3カスタマーシートで出した①Good顧客（良い顧客）、②Average顧客（普通顧客)、③Bad顧客（悪い顧客）にあてはまるところを◯付けしていきます。各属性ごとに、例えば①Good顧客（良い顧客）が20代であれば20代に◯をしてください。その際には、黒青赤などで◯の色を変えるか、もしくは①というように、数字を入れておくと後でわかりやすくなります。③Bad顧客（悪い顧客）が20代と30代であれば、20代と30代に○をつけ、色を変えるか数字を入れるかします。家族構成も同様にそれぞれ色か数字を入れて、書き出してある3者にあてはまるデータに○をつけていってください。一通りすべてに○を付け終わると、自然とターゲティングができていると思います。

①Good顧客（良い顧客）の○が多いところが、その属性のターゲティングゾーンとなります。また、③Bad顧客（悪い顧客）の○が多いところが、その属性ではあまり狙わないほうが良いゾーンになります。また①Good顧客（良い顧客）②Average顧客（普通顧客）③Bad顧客（悪い顧客）すべてがほぼ同じ属性は、そんなに意識して狙わなくて良い属性となります。おそらくその属性は、あなたの業界では基本的にほとんどの顧客がその部分だけ同じということになりますので、ターゲティングする必要はありません。

さて、ターゲティングの結果はいかがでしたでしょうか？　今まで自分がターゲットだと思っていた範囲と同じでしたでしょうか？　違いましたでしょうか？　違った場合、ほとんどが自分のレベルよりも少し高い顧客になることが多いです。つまりは背伸びして無理していたということになります。自分に最適な顧客に長い期間をかけ、よいサービスを提供し続ければ、必ず競合よりも良いブランドイメージを築けるようになりますので、自分を信じて顧客のためにもスキル・経験を磨き続けていきましょう。

3 自分にとって良い顧客の象徴的人物像を描いてみる

ターゲティングシートを書き出したら、今度は「ペルソナ」を作成します。ペルソナとはターゲットの中でもあなた、商品、サービスの価値を最大限感じていただけるであろう、象徴的な人物像です。希望的観測で、あなたにとって都合の良い顧客像ではなく、他者（他社）の商品・サービスを購入・利用するより、自分の商品・サービスを利用していただいたほうが、間違いなく幸せになれるし、価値を感じていただけるという人です。

ペルソナ作成の失敗例からお伝えします。以前、ある会計士の方がえがいたペルソナは「ポルシェに乗っていて、年収8000万で、開業医で」といった属性でした。ですが、この会計士の既存顧客を見てみると、ペルソナのような人はまったくいませんでした。実際は製造業が多かったのですが、自己都合でペルソナを作ってしまう典型的な失敗例です。

なぜ、こういったペルソナにしたのかを確認したところ、今までとは違った新規のターゲット、どちらかというと富裕層を狙っていきたいということでした。気持ちはわかりますし、新規のターゲットを狙っていくことも戦略的には大事なときもあります。ただ、まだ何も富裕層向けのサービスは確立されていませんし、それを受け入れる自分の知識、スキル、環境も準備されていません。

これからその層に見せていくパーソナル・ブランディングを行なえばいいのですが、要望としては、今の顧客も手放したくはないということでした。顧客からすれば、ラグジュアリーなのか、リーズナブルなのか、判断できないブランド・イメージになってしまいます。つまりはブランディングできていない状態につながってしまいます。

このようなことは多々起きますし、いろんな方が商売を広げたい気持ちを持っています。むしろそこは全く否定しませんし、どんどんやっていったほうが良いかと思います。ただ、顧客の立場に立ってみたら、わかりづらく、つまり結果として選びづらくなってしまうのです。

ターゲットを変えたい、でも既存顧客も大事にしていきたいという際には、事業ブランドを分けて展開し、それぞれに対してアプローチや宣伝媒体を変えるなど、工夫が必要になります。例えば、大企業のトヨタでさえ、レクサスはラグジュアリーな、別ブランドとして展開していることを見ればわかるかと思います。多店舗展開、複数事業展開している人ほど、事業ごとに、さらにいうと商品ごとにターゲットやペルソナは変わるので、1つずつ設計していったほうが良いでしょう。

ターゲティングとペルソナが失敗すると、ここから先のステップすべてがうまくいかなくなってしまうので、まずは気をつけていただきたい失敗例から説明してきました。パーソナルブランディングでビジネスが上手くいくかいかないかの分かれめなので、ペルソナを作る際に参考にしてください。

それではこれまでのプロセスを大事にしながら、ペルソナシートを完成させていきましょう。ペルソナシートを用意してあるので、こちらに書き込んでいってください。基本的にはターゲティングシートから必要な属性を書き出し、属性のターゲットゾーン内で、さらに明確にペルソナをイメージしながら記入していきます。基本属性、変動属性の絞り込みが済んだら、

「価値観、大切にしたいと考えていること」

「あなたの商品・サービスや類似関連商品・サービスとのかかわり」

「あなたの商品・サービスを通して達成したいこと（ゴール）」

「あなたの商品・サービスや類似関連商品・サービスへの感想」

をペルソナのイメージを膨らませながらできるだけ具体的に記入してください。また、そのペルソナのよくある平日・休日の過ごし方も図の参考例を見ながら記載してください。ペルソナの行動パターンが読めると、例えば広告を出すときに、どんな媒体に、いつ頃、どんなキャッチコピーで、どんなデザインで、どんな内容で、などがわかりやすくイメージできるようになり、今後のマーケティング活動に活かせるようになります。

ペルソナシートの参考例

※目次最後のQRコードまたはURLからダウンロード

顔写真

人となり

箇条書きで良いので、
たくさん書き出す。

参考例
- ・勉強熱心
- ・スタッフ想い
- ・熱い口調で語る
- ・優しすぎる
- ・強くものを言えない

etc

価値観、大切にしたいと考えていること

箇条書きで良いので、
たくさん書き出す。

参考例
- ・原則を大事にしている
- ・短期的な観点で見ない
- ・長期的に効果があるかどうかで見る
- ・自分の意見ははっきり言う
- ・必ず最後には笑いにもっていく

etc

基本情報

氏名 ＿＿＿＿＿＿＿＿

性別 ＿＿＿＿＿＿＿＿

年齢 ＿＿＿＿＿＿＿＿

居住地 ＿＿＿＿＿＿＿＿

職業 ＿＿＿＿＿＿＿＿

家族構成 ＿＿＿＿＿＿＿＿

年収 ＿＿＿＿＿＿＿＿

情報収集 ＿＿＿＿＿＿＿＿

変動属性1 ＿＿＿＿＿＿＿＿

変動属性2 ＿＿＿＿＿＿＿＿

あなたの商品・サービスを通して達成したいこと（ゴール）

箇条書きで良いので、
たくさん書き出す。

参考例
- ・スタッフが一丸となること
- ・売上アップ
- ・業界でトップになる
- ・10年先のビジョンを描けるようになる
- ・組織化していきたい

etc

あなたの商品・サービスや類似関連商品・サービスへの感想

箇条書きで良いので、
たくさん書き出す。

参考例
- ・実際に実務に落とし込めない
- ・時代に合わなくなってきているのではないか
- ・何から手を付けて良いかわからない
- ・怪しいコンサルタントも多い
- ・外部の力も一部は必要だ

etc

良くある平日の過ごし方

5:30 起床
6:00 ヨガ
6:30 ブログの執筆
7:30 朝食を食べながら朝のニュースを見る
8:00 出社
9:00 社内全体の朝礼
9:10 一通りその日のスケジュールと段取りをまとめる
12:00 昼食
13:00 クライアントをまわる
18:00 スポーツジムへ
19:00 帰宅
19:30 夕食
20:00 入浴
20:30 読書
22:30 就寝

良くある休日の過ごし方

6:00 起床
6:30 ヨガ
7:00 ブログの執筆
8:00 朝食
10:00 家族で近くのショッピングモールへ
15:00 帰宅
16:00 昼寝
17:00 ランニング
18:00 入浴
19:00 夕食
20:00 子供たちを遊ぶ
21:00 子供たちを寝かせる
21:30 読書
22:30 就寝

4 顧客が求めていることを抜き出す

ターゲティングを行ない、さらに象徴的な人物像「ペルソナ」まで作成したら、今度はそのペルソナの不満、不安、不便、欲求を書き出していきます。90ページの「ペルソナデザイアシートの参考例」を参照して下さい。

書き出していく不満、不安、不便、欲求は、どんなことでもかまいません。制限をつけると視野が狭くなってしまい、良い案が出づらくなってしまうので、思いついたものをそのまま書き出していきましょう。ただし、気をつけなければならないのは、あなたのではなく「ペルソナ」になりきって書き出していくということです。すでにペルソナを作る際に、ペルソナからみてあなたの商品・サービスや類似関連商品・サービスへの悪い体験なども考慮して作っていただいているので、ある程度はイメージしながら書けるでしょう。

ここで、ペルソナのより良い不満、不安、不便、欲求を出すために、マズローの欲求段階説をご紹介しておきます。アメリカの心理学者アブラハム・マズローが提唱した「人間は自己実現に向かって絶えず成長する」という、人間の欲求を5段階＋1段階の階層で理論化したものです。それぞれ欲求段階を紹介していくので、各段階に合わせてペルソナの不満、不安、不便、欲求を書き出していってください。

第1段階　生理的欲求

人間の最も基本的な欲求です。寝たい、食べたい、飲みたい、トイレにいきたい、など。あまりにも生きていく上で大切な欲求なので、これらの欲求が満たされないと危険な状態になりかねません。

第2段階　安全欲求

安全で安心した生活を送りたいという欲求です。家の中で温かく過ごしたい、病気になりたくない、ケガをしたくない、といった欲求です。これらも当然満たされていないと、基本的な生活ができない状態となります。

第3段階　社会的欲求

誰かとつながっていたいとか、友達が欲しい、社会に必要とされたい、誰かと知り合いたい、といった欲求です。孤独は嫌だし、何でも1人でやっているということに不満を感じます。

第4段階　尊厳欲求

認められたいという欲求です。社会の中で必要とされ、さらには尊敬されたい、賞賛されたいという欲求です。社会的欲求でつながっていたいという欲求からさらに上の、認められ心を満たしたいという欲求です。

第5段階　自己実現欲求

自分のスキルや能力を思う存分発揮したいという欲求です。やりがいにつながる部分ですね。目標を達成したい、自分の目指す姿になりたいという欲求です。

第6段階　自己超越欲求

自分だけではなく、周りの他の人も幸せにし、純粋に目標に向かってひたすら進んでいきたいという欲求です。そのためにも、自分がどうありたいのか（自分のあり方をBeingと言います）を知り、理解し行動する必要があります。Beingが見えてくると、Doing（しなければならないこと）も苦ではなくなり（誰かに命令されて○○をしなければならない、という状態でなくなるため）、ありたい姿に向かって成長し続ける良い状態になります。

お気づきでしょうか？　実はパーソナルブランディングはこの第6欲求の自己超越欲求が最終目的とも言えます。ここまでの過程も、ここからの過程も、自己実現からさらに自己超越の内容となっています。各欲求段階でのペルソナの不安、不満、不便、欲求を書き出し、次のステップに進みましょう。

5 どうなったら顧客が幸せになるかを書き出す

ペルソナの不安、不満、不便、欲求をひたすら書き出しました。その書き出していただいた、不安、不満、不便、欲求を改善して、どうなったら顧客が幸せになるか、ということを考える作業に移っていきます。

ここで、自分のビジネスの定義について考えましょう。マーケティング学者のセオドア・レビットがまとめた「マーケティング近視眼」という概念があります。これは、商品・サービスの機能的価値（一般的な基本的な機能）にしか焦点がいかず、自らの事業ドメイン（事業を展開する領域）を狭く定義してしまい、衰退していってしまう概念です。

例えば、過去のアメリカで、大手の鉄道会社が軒並み経営破綻に陥った事態がありました。自動車や航空機の進展によって衰退していったのです。このとき、鉄道会社が、自らのビジネスが「鉄道」ではなく、「人や物を目的地に運ぶこと」と捉えていれば、衰退していく鉄道にしがみつくことはなかったのです。

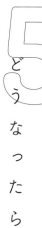

他にも、ドライクリーニング産業は、ウール衣料全盛の時代には衣料を傷めず洗えるドライクリーニングが大活躍していました。しかし、時代が変わり、ドライクリーニングは苦境に立たされます。新しくより優れたクリーニング法が出てきたというわけではなく、合成繊維と化学添加剤により、ドライクリーニング自体の必要性が少なくなってきたのです。これも同様に、自らの事業ドメインを狭く定義してしまっているからでしょう。つまりは、「ドライクリーニング屋」ではなく、「衣料を傷めず簡単にきれいにする」という定義であれば、時代の変化にもついていけたでしょう。

さらにセオドア・レビットの格言にこのような言葉があります。「ドリルを買う人が欲しいのは穴である」や「顧客は商品を買うのではない。その商品が提供するベネフィットを購入しているのだ」といった言葉です。ベネフィットとは、便益のこと。この格言もマーケティングを行なう際には必ずといって良いほど頻繁に出てくる、非常に重要な考え方です。あなたも自分の商品・サービスを売っているのではなく、顧客の欲求を満たすためにその商品・サービスを扱っているわけです。

このように考えると、あなたは何屋でしょうか？　あなたはペルソナのどんな不安、不満、不便を解決しているでしょうか？　この「解決」や「満たす」というのがベネフィットです。ただただ自分の都合で商品・サービスを提供する（これをプロダクトアウトと言います）のではなく、ペルソナ視点のベネフィットを提供できる商品・サービスにしていく（これをマーケット・インと言います）自分を意識しながら、次の作業に移ってください。

さて、自らの事業ドメインを広げ、ベネフィットを提供する自分を意識していただいたところで、ペルソナデザイアーシートへの記入を進めていただきます。前項で書き出していただいたペルソナの不満、不安、不便、欲求に対し、どうなったらペルソナは幸せになるのかを考えて、右の欄に記入していってください。

例えばペルソナがサッカー選手で「目が悪い」が不満だとしたら、「メガネを提供して、良く見えるようになる」といった解決方法ではなく、「より視野が広がり、安心してサッカーに取り組める」ことがそのペルソナにとってのベネフィットになるわけです。よく見えるようになることは手段の1つではありますが、本来のベネフィットに対する解決方法ではありませんよね。そのため「レーシック」という選択が出てきます。もちろんペルソナがサッカー選手ではなく、例えば一般的なサラリーマンであれば、「免許更新をしたい」というのがベネフィットとなり、レーシックという選択ではなく、ひとまず視力が良くなるように、車に置きっぱなし用のメガネを安価に購入するという選択が妥当です。

最後に書き出したものの中から、ペルソナの中で求めていることとベスト5を選んでおきましょう。〇や印をつけておいていただければ結構です。それでは次のステップに進みましょう。

ペルソナデザイアーシートの参考例

休みたい		自分だけでは何もなせない		スタッフに弱みを見せられない	
痩せたい		業界No1になりたい		スタッフの平均年収を 500万円にしたい	
美味しいものを食べたい		情熱大陸に出演したい		スタッフがもっと安心して くらせるような会社にしたい	
最上級のステーキを食べたい		マーケティング力を 組織的につけたい		人材育成にもっと力をいれねば	
最高級のワインを飲みたい		どこかに良いコンサルタントは いないだろうか		人手が圧倒的に足りない	
安定した事業経営をしたい		一貫して任せれると助かる		ホームページに自社の 良いところが載せれていない	
ストックビジネスを始めたい		近くの人がいい 呼んだらすぐに来てくれると助かる		若手の社員に もっと入ってきてもらいたい	
先行きが不安		ノウハウばかりでは 面白くない		事業部長に事業の 決裁権は任せていきたい	
もっとスタッフが やる気になってくれたら		本質的な話をしないと 始まらない		助成金情報に弱いと想っている もっと知りたい	
競合の動向が気になる		資金繰りがいつも不安		ノウハウの前に、 まずは本質から	

ペルソナがどんな状態になると不安や不満が解決し、
欲求が満たされるのかを書き出す

↓

休みたい	休むことがブランディングに つながると良い	自分だけでは何もなせない	真の経営者になり みんなを引っ張っていく	スタッフに弱みを見せられない	オープンな関係性を築く
痩せたい	自然と気づいたら痩せてる	業界No1になりたい	次のステップに 早く進める	スタッフの平均年収を 500万円にしたい	定期収入ビジネスをのばす
美味しいものを食べたい	グルメブロガーさんと 知り合いになる	情熱大陸に出演したい	いろんなメディアから お声がかかるようになる	スタッフがもっと安心して くらせるような会社にしたい	福利厚生をもっと充実させる
最上級のステーキを食べたい	周りに味を説明できるようになる	マーケティング力を 組織的につけたい	ただの専門家から脱出 ゼネラリストの専門家になる	人材育成にもっと力をいれねば	何もしなくても従業員が 自ら率先して事業を進める
最高級のワインを飲みたい	自分がだんだんと詳しくなり 人にふるまえるようになる	どこかに良いコンサルタントは いないだろうか	人から良い人を紹介してもらえ	人手が圧倒的に足りない	AIが役立つ所と 人がやる仕事の内容が明確に
安定した事業経営をしたい	会社の数字がいつでも わかりやすく見れるようにする	一貫して任せれると助かる	右腕を育て上げる	ホームページに自社の 良いところが載せれていない	自社のプランをウェブサイトに 落とし込み気持ちがよい
ストックビジネスを始めたい	安定した事業ができる	近くの人がいい 呼んだらすぐに来てくれると助かる	半径500メートルの企業には 割引券出して仲を保つ	若手の社員に もっと入ってきてもらいたい	組織がまだまだ 何かしらできるようになる
先行きが不安	未来が見えると決めやすい	ノウハウばかりでは 面白くない	ビジネスの本質的なところから 学び見えるようにりつつある	事業部長に事業の 決裁権は任せていきたい	指示待ち人間がいなくなる
もっとスタッフが やる気になってくれたら	利益が増えて 事業運営がしやすい	本質的な話をしないと 始まらない	時間に余裕があれば もっと話せる	助成金情報に弱いと想っている もっと知りたい	必要な情報か否かを 瞬時に判断したい
競合の動向が気になる	だんとつNo1になり この地域では追随をゆるさない	資金繰りがいつも不安	危ないときに アドバイスしてくれる	ノウハウの前に、 まずは本質から	戦略を描ける

さらにペルソナが求めていることベスト5を選ぶ

第5章

「さあ始めよう！
ステップ3」
ライバルのことを
丸裸にしてしまおう

1 ライバルの情報に影響を受けすぎてはいませんか？

第3章では「まずは自分をもっと知ることから」、第4章では「あなたを本当に必要としている人は誰ですか？」のように、顧客と向き合ってきました。第5章ではライバルと向き合うことを進めていきます。

あなたはブログやソーシャルメディアを見ますか？　テレビを見ますか？　新聞を読みますか？　雑誌を読みますか？　ラジオを聞きますか？　おそらく情報収集のためにもあらゆるメディアを活用しているでしょう。さらに勉強熱心なあなたは、自分の業界の専門雑誌や専門番組も見ることでしょう。その中でも特に、今の時代ではウェブでの情報収集が多いと思います。情報収集に限定せず、普段のライフスタイルの中で、ソーシャルメディアを利用しない人のほうが少ないのではないでしょうか。

総務省の情報通信白書を見てみると、2010年を境に、スマートフォンの保有率の伸びが急激な右肩上がりになっています（これはデータを見なくても生活している上での肌感覚でわかるかもしれませんね）。しかし、この2、3年は、横ばいに近づいてきています。これは裏を返せば、必要としている層にスマートフォンが行き渡ったということでしょう。

確かに我々の生活を考えてみるとスマートフォンを持つ前と持った後で生活スタイルは大きく変わりました。何か知りたいことがあればスマートフォンで検索して情報を得るようになり、パソコンをわざわざ開くことが劇的に減りました。ただ、これはパソコンを利用しないというわけではありません。商品・サービスを比較する際には、パソコンでタブをたくさん開いて同じ仕様の部分を見ながら比較検討します。また、じっくり調べごとをするときも、パソコンのほうが使いやすい。スマートフォンだと、いちいちタブをいっぱい開いて見比べるということができません。つまりはパソコンもスマートフォンも両方とも、それぞれの利便性を考えて使うということです。実際にパソコンの各年代の利用率を見てみると、10代〜50代まで60％前後とほぼ同等の利用率となっています。

さて、スマートフォンやパソコンの普及率の話をしてきましたが、我々の情報収集、ライフスタイルは完全にネット中心になっています。そんな中、常に手元にあるスマートフォンでソーシャルメディアを活用している時間は長く、通常のメールや検索に使う時間よりも相当長くなってきているというデータもあります。

このようにスマートフォンやパソコンを利用して、常にネットから情報を探したり、ソーシャルメディアをライフスタイルの一環として使いこなしているため、以前よりもライバルの情報も入手しやすくなりました。情報を入手しやすいこと自体は良い反面、ライバルの情報に影響を受けすぎてしまうという傾向が出てきます。ライバルのソーシャルメディアやブログを見て、彼らの活動や活躍を見るとあせったり、自信を失ってしまったりしてしまうことはありませんか？　そしてライバルと同じ領域でスキルやサービス力で競おうとしていませんか？

ライバルの情報を見るなということではありません。ライバルに影響され過ぎてしまうと、顧客目線がおろそかになってしまいがちなのです。常にソーシャルメディアに接していると、業界共通のスタンダードに縛られ影響されすぎて、新たなイノベーションが生まれなくなってしまいます。

業界のスタンダードに縛られすぎているわかりやすい例を紹介します。テレビのリモコンを想像してみてください。あれだけのボタンを使い分けるのは至難のワザ。もっとわかりやすく、もっとシンプルに機能を分けることができるはずです。利用者である我々も、いつも使っているボタンがいっぱいついているリモコンが普通だと思っていますが、例えばApple TVのリモコンのボタンは3つ。そしてシンプルでデザイン性が高い。さらにとても薄い。どちらが顧客から好まれるかは一目瞭然ですね。情報を得ることが容易で常にライバルを意識してしまう環境だからこそ、あなたオンリーワンの価値をこのパーソナルブランディングで見出していきましょう。

2 完全に業種がかぶらなくても、ライバルになる

業種が異なってもライバルになることは多いのですが、ここでは直接競合と間接競合という視点から、ライバルを考えていきたいと思います。

あなたのライバルは誰になるのでしょうか？　もしくはどんな企業になるでしょうか？

あなたが英会話スクールの先生をしているのであれば、大手の英会話スクールや、他の英会話スクールの講師がライバルにあたるのでしょうか。あなたがフォトスタジオでカメラマンをしていたら、同じように他店舗のフォトスタジオのカメラマンがライバルになるのでしょうか？　こういった業界的に直接的なライバルを「直接競合」といいます。

あなたのライバルを考えるとき、この直接競合だけを考えればいいのではなくて、間接競合という考え方も取り入れなければなりません。間接競合とは、字のごとく間接的に競合になるという意味です。

例えば先に出した英会話スクールであれば、イーオンキッズとＥＣＣジュニアは完全なる

直接競合にあたります。しかしターゲットが子供を持つママであれば、ライバルはこれだけにとどまりません。とあるママは、子供の週の習い事は2つか3つくらいかな、と考えているとしましょう（もちろん人によって価値観は変わるので、ここでは多いとか少ないとかは置いておきます）。そして子供が男の子なら、サッカーも習わせたいし、スイミングにも通わせたいと思うかもしれません。さらに子供からは周りがやっているから野球をやりたいとかバスケットをやりたいなど、スポーツ系の習い事やスクールが候補に上がっているかもしれません。そうなるとさすがに全部はできないので、その中からどれを選ぼうかと考えるわけです。将来に向けてグローバルに活躍できる語学力を身につけてほしいし、運動もいっぱいやってほしい。「あーもう、どれを選べばいいんだろう？」というのが顧客である親の心理なのです。さらには、「英語はGoogleの同時通訳が優れているし、アプリも発達してくるからそれでいいか」と考えるかもしれないし、「いや、グローバルなコミュニケーション能力を身に付けるためにも、語学というよりスピーチプレゼンのスクールにしようか」と思うかもしれません。「いや、待てよ。そもそも私自身が子供ともっと向き合いたいから、私がコーチングスクールに通おうか」と考えるかもしれません。

英会話スクールの講師としてライバルを考えたときに、直接的なライバルはイーオンキッズとECCジュニアが出てきましたね。ですが、間接的なライバルとしては、どんな人や会社やサービスが出てきたでしょうか？　サッカースクールも間接的なライバルで出てきましたし、スイミングスクールも出てきました。バスケットボールや他のスポーツ系の習い事も出てきました。さらには翻訳アプリや、スピーチプレゼンスクールや、ママ自身のコーチングスクールまで発展してきました。これは発展しすぎと考えると危険です。実際に顧客の頭の中ではこういった葛藤が生まれていて、あなたの商品・サービスを選択される余地がどんどんなくなっているのです。

このように同じ業界の中にある直接競合だけを見るのではなく、他にも間接的にどんな人や企業・商品・サービスがライバルになるのかピックアップしてみてください。ピックアップする際には、作成してきたペルソナシートを見ながらペルソナになったつもりで、さらには第4章5項で出したペルソナデザイアーシートを見ながら、ペルソナが求めているベスト5にあたる部分でライバルになりうる人、企業、商品を抜き出していきましょう。本来は多くていいのですが、本書ではスピードも求めているので、ライバルは5人（もしくは5社、5商品）に絞ってください。増える分には時間がそれだけかかりますが問題ありません。

さて、5ライバルを抜き出したら、必要な項目を調査していきます。必要な項目は、「ライバル調査シート」をもとに記入していってください。目次最後の案内からダウンロードできます。基本的な項目はすでに記載してありますが、さらにご自身で必要だと思う調査項目があれば追加してください。そして実際に電話対応も調査してみてください。

ライバル調査をすることで、自分の強み弱みもさらにはっきり見えてきます。自分では強みと思っていた部分が、ライバルもカバーしており、顧客目線では強みでないという気づきも出てくるかもしれません。もしそうなったとしても落ち込む必要はありません。むしろライバルのことを知らずにかぶる部分ばかりを推進していたら、良い結果につながらなかっただろうと思いましょう。また、逆に自分では普通と思っていたことが、ライバルがアピールしていないのでチャンスに変わることもあります。

顧客はあなたの業界のことを知りません。素人なのです。例えば、業界では普通なことも、市場にアピールすると強みになるこんな好例があります。シュリッツビールが業界で売上8位のころの話。シュリッツビールを含め、他のどの醸造会社も「私たちのビールは純度が高い」と打ち出していました。実際に、ビールの製造工程は徹底された管理と緻密な作業によって、「純度が高い」を実現していました。ですが、市場はビールに対しては知識のないふつうの人たちで「純度が高い」と言われても伝わりません。そこで業界では普通なことであったビールの製造工程を、市場向けにきちんと伝えた結果、半年で業界トップになりました。業界では普通のことでも、しっかりと伝えることによって、信頼を得ることができます。ライバルがどう伝えているかしっかり調査してみましょう。

3 ライバルのブログやウェブサイトを解析し、丸裸にする方法

ここでは、ライバルのサイトやブログを調査するためのWebサービスをまとめて紹介していきます。より多くの機能を利用しようとすると有料になりますが、基本的に左のサービスを組み合わせればデータ収集や分析ができるので、無料版でもこと足ります。

・Nibbler（http://nibbler.silktide.com/）

ライバルサイトがどんな作りになっているのか、検索エンジン（GoogleやYahoo!）から見てどんな評価なのかを分析してくれます。入力後、多少時間がかかります（数分かかることも）。時間がかかるのは、細かくデータを出してくれるからです。例えば、「ウェブサイトの改善のための最優先事項」は自社サイトの分析にももちろん活用できます。

・Majestic サイトエクスプローラ（https://ja.majestic.com/）

しっかりと使いたい機能は有料版になりますが、無料版でもそれなりに使えます。例えば、ライバルサイトの被リンク（どのサイトからリンクされているか）がわかって便利です。自

分も同じように被リンクをお願いできそうなところがあればぜひお願いしてみましょう。

・SimilerWeb（https://www.similarweb.com）

我々のウェブ業界では有名なＷｅｂサービスです。注目すべきはトラフィックソース。サーチの割合よりも「直接」「紹介」「ソーシャル」の割合が多いとブランディングにつながっているという見方ができるでしょう。いつも見たくて直接つまりお気に入りやメルマガなどから直接見に来るということは、リピーターやファン顧客という証。ソーシャルが多ければソーシャルメディアからの流入が多いということですから、それだけシェアやリツイートされている可能性が高いと分析できるでしょう。

・Open Site Explorer（https://moz.com/researchtools/ose/）

被リンクがたくさん表示されるのが便利です。さらにスパムスコアまで見れるので、ライバルがスパム（簡単に言うとつまりはズル。モラルに反した行為のことを指します）しているかどうかまでわかります。ライバルの本サイト上ではスパムしていなくても、被リンクを増やすために、大量に自分で他のサイトを作って、自分のサイトへ被リンクを増やす行為です。このようなモラルに反した行為はすぐに廃れますし、１度ペナルティを受けると回復するのに時間がかかるのでやめましょう。

・Semrush（https://www.semrush.com/）

被リンクのＩＰまで見ることができるのが特徴です。さらにはその先の被リンク先の詳細ＵＲＬや、どんな被リンクがどのようなＵＲＬで被リンクされているかまで教えてくれます。

- Website Grader（https://website.grader.com）

　サイト全体の作り、プログラミング的な評価、表示されるスピードなどを明確に分析してくれるＷｅｂサービスです。最初に総合得点が出てどれくらいの評価なのかが把握できますし、スマートフォンサイトとしてはどうなのか、セキュリティ面ではどうなのか、など部分的な観点からも分析してくれます。サイト自体がどう作られているかといった観点から見るには非常に優れたサービスです。

- SEO Analyzer（http://neilpatel.com/seo-analyzer/）

　その名のごとく、ＳＥＯ観点からサイトを分析してくれるサービスです。ＳＥＯとはSearch Engine Optimization の略で日本語で言うと検索エンジン最適化です。つまりは狙った検索キーワードで、サイトを上位表示させることを指します。ライバルサイトの分析をすることで、自社サイトの良いところと悪いところがわかり、良いところはさらに伸ばし、悪いところは改善することで、ライバルサイトよりも多くアクセスを集めることができるようになります。つまりは、ライバルよりも集客できるようになります。

・Wayback Machine（https://archive.org/）
ライバルの過去のウェブサイトデザインを見ることができるサービスです。ライバルが「あれ？　サイトリニューアルした！」といった時に、過去のサイトと見比べて、何が変わったのかチェックしてみましょう。そうすることにより、ライバルの方針がどう変わったのか、戦略がどう変わったのかなどを調査できます。

以上、いくつか無料で使えるライバル分析サービスを紹介してきました。これらはライバルだけではなくて、もちろん自分のサイトも分析することができます。日本語表記ではないサービスも多いのでとっつきにくいかもしれませんが、ライバルサイトの裏側は、サイトデザインの見た目からは把握できませんので、こういった調査・分析サービスを活用します。

同じように発信していて、同じようなデザインで、でもライバルサイトのほうが明らかにアクセスが多かったり、検索エンジンでの順位が高かったりするのには、必ず理由がありますし、見た目だけで判断せず、裏側も見ることで、よりライバルのブランディングも把握できますし、自分のブランディングへの活かし方も見えてきます。

いろんなライバルの裏側を見て、あなたのパーソナルブランディングに役立てていきましょう。

4 ライバルに勝つのではなく、ライバルに負けず、負けさせない

誰がライバルなのか？　を考え、さらにはWebでライバルのことを調査し、分析してきました。ライバルの情報を得れば得るほど、業界のスタンダードに目がいき、ただただライバルにどう勝つかという思考になりつつあるかもしれません。ここでは、ライバルとの差別化や優位性という競争思考を深掘りし、ライバルとなるべく競争せず、ライバルに負けず、負けさせない方法を考え、フレームワークを通してライバルと戦わずして勝つための準備を進めていきましょう。

私たちはビジネスを進めていく上で、業界ナンバーワンになりたい！　とか、最高の商品・サービスを提供し、最高の人材を集め、最高の事業者であるということを目指したり、示唆したりする傾向があります。ほとんどの人はライバルに負けたくないでしょうし、一番でありたいと思うでしょう。

戦略という言葉は戦争からきている言葉ですが、それが今でもビジネスの言葉として使わ

れています。戦略とは字のごとく、つまりは戦いにおいて勝つためのはかりごとです。戦争では、勝つのはどちらか一方ですが、ビジネス上での戦略を考えると、必ずしもどちらか一方が勝ち、どちらか一方が倒され負けるということにならずとも、両者とも勝つということが可能です。戦略という言葉の意味を理解し、戦争とビジネス上での戦略では意味が違うということに気づくことも、パーソナルブランディングでは大事になってきます。パーソナルブランディングは言ってみればライバルと戦わずして勝つ活動とも言えるのです。

例えば車の業界でも、スズキといえば軽自動車がメインで、ターゲット層は比較的若い女性が多いでしょう。逆にポルシェなら富裕層の男性がターゲットとして思いつきます。極端な例を示しましたが、同じ車の業界でも自分の土俵で戦うことができれば、そもそもライバルとの間に勝ち負けは必要なくなります。車の業界でもう少し説明すると、大きなシェアを狙えば狙うほど、そこを狙うライバルは多くなり、ライバルとの消耗戦が多くなります。ずっとナンバーワンであり続けるということは、数多いライバルとの果てしない戦いが続くことを意味し、商品・サービスの同質化が進み、誰も勝てない競争となっていきます（これを「ゼロサム競争」といいます）。

最高を目指すという言葉は、悪いようには思えないし、むしろ素晴らしく当たり前のような気がします。しかし、最高とは何でしょうか？　最高とは誰が決めるのでしょうか？　ライバルとの競争で考えると、常に勝ちたい、勝ち続けたい、最高であり続けたいという思考が出てきがちですが、そもそも最高であり続ける必要があるのでしょうか。第4章5項でセオドア・レビットの格言を用いて、「顧客はベネフィットを購入している」という例を出しました。最高な商品・サービスを買うことを購入の目的とはしていないのです。つまり、そもそも最高であり続ける必要はなく、ターゲットに対して唯一の独自性を提供できることを追求していくことが本来のビジネスのあり方といえます。業界最高！ではなく業界唯一！という独自性を目指すのです。業界唯一！という独自性を目指すために、ライバルを調査し分析するのです。戦争ではないのですから、決して負かしたり潰したりすることが目的ではありません。勝ち負けのためでもなく、業界最高のためでもなく、業界唯一の独自性を目指すことがパーソナルブランディングの根幹であることを前提としながら、便利なフレームワークを使ってあなたの業界を分析してみましょう。マイケル・ポーター氏が提唱しているファイブフォース分析を活用すると良いでしょう。ファイブフォース分析とは、5つの観点から業界の構造を分析するものです。

まず1つ目は「売り手の交渉力」。自分と供給業者との力関係を示します。例えばあなたが美容師だとしたら、シャンプーやスタイリング剤を仕入れている業者との力関係にあたります。どちらの力がどれほど強いかを測っていきます。

2つ目は「買い手の交渉力」です。買い手とはずばりお客さんのことですね。法人がお客さんの場合はBtoB、一般消費者がお客さんの場合はBtoCと言いますが、BtoBのほうが比較的買い手の交渉力が高いことが多いかもしれません。下請けの製造業者で、大手から叩かれて利益ぎりぎりという場合は、買い手の交渉力が強いということになります。

3つ目は「代替品の脅威」です。需要に対して供給がオーバーしている現在では、新しいものでもすぐに代替品が出てきます。わかりやすい例で言えば、パソコンからスマートフォンへの推移。事前に予測し、自分がどんな戦略と戦術に出ていくかも重要な要素となります。

4つ目は「新規参入の脅威」です。例えば昨今「買い取ります！」という広告を見ますが、転売事業は、簡単に目利きができるものであればあるほど、誰でもすぐに参入できます。そんな中でも大量買いを実現するなどの、脅威を乗り越えられる対策を練る必要もあります。

そして5つ目は「競合の程度」です。現在の実際の直接競合を見て、それがどれくらい力を付けているかを見ます。その中でも自分はどんな戦略でいくのかを広い視野で見ていきます。

このように、ただただ業界内でのシェアの奪い合いをするのではなく、戦わずに、そして競合を負けさせることなく独自の優位性を発揮できるよう、ライバルの状況を分析していきましょう。

5 客観的にライバルの強み、弱みを抜き出す

ここではライバルの強み弱みを出していきますが、改めて大事なことは、自分と他の人とを一部だけで比較するのではなく、自尊心を持つことでした。自尊心を持つことで、自分の強いところはそのままに、自分ができていないところは弱みというわけではなく、これまでやってきていないだけという見方ができるでしょう。誰でも最初からできていたわけではなく、自分のタイプや状況、環境によってやってきたこと、身に付けてきたことが異なります。異なって当然です。そういった前提でライバルを見ると、素直に尊敬して強みとして認められるところ、そして弱みとして見ることができるところが数多く出てきます。

また、ファイブフォース分析を用いて業界の状況を見据えながらライバルを分析してみたり、戦争のような勝ち負けではなくビジネス上での自分の独自性を発見するという姿勢と想いでライバルを分析してみると、さらに客観的にライバルの良いところと弱いところが見えてくるでしょう。このように偏った目線ではなく、ライバルの強み弱みを洗い出していきま

ライバルの強みと弱みシート

ライバル名	強み(特徴)	弱み
A社	・SEO ・アプリ開発 ・少数精鋭 ・メディア運営 ・サイト運用	・人数が少ない ・代理店頼み ・社長がプレイヤーである ・社長が社交的でない ・上から目線な言動が多い
B社	・SEO ・マーケティング ・アクセス解析 ・サーバー管理 ・サイト運用	・文章が変 ・給与が未払いの時もあるとのこと ・お客さんへの態度が悪い ・作るだけでその後のフォローがない ・デザインが微妙
C社	・制作実績数 ・BtoBサイト構築 ・メンテナンス ・ブランディング ・セミナー	・実際はブランディングできない ・営業が無理に仕事をとってくる ・外注率が高い ・残業が多い ・ウェブ制作しかやらない
D社	・デザイン力 ・情報発信力 ・本の出版 ・大きな広告代理店がついている ・紳士的な対応	・広告代理店に左右される ・営業力がない ・マーケティング力がない ・少数精鋭 ・元気がない
E社	・安い ・若くて勢いがある ・通販サイトに強い ・母体の会社が強い ・アクセス解析	・少数精鋭 ・知名度は低い ・マーケティング力がない ・ウェブ制作とシステム開発しかやらない ・発展途中

他者に強みがかぶっている点、特に弱みが目立つ点、
本当に強みになっている点などを抜き出し、整理する

しょう。そこでライバル強み弱みシートを用います。第5章2項で作成したライバル調査シートでは、ライバルの基本項目から実際の対応なども調査していますし、ブログやWebサイトの分析もあり、データ的にも把握できていることでしょう。これらのデータも踏まえ、各ライバルの強みを5項目ずつ、弱みも5項目ずつ洗い出してください。それぞれのライバルが共通して強みとしている部分は業界的には標準的なことです。

例えば僕が属する業界では「SEO」を強みとしているライバルが多くあります。また「デザイン」を強みとしているライバルも多いです。これらはいくら自分たちがその中で一番だと思っていたとしても、顧客には伝わりません。どこもアピールしているから、業界の標準的なものだと思ってしまうのです。このことを把握するためにも、業界を知っている専門家の目線ではなく、素人目線、顧客目線で強み弱みを出していきましょう。「こんなことは当然」と思っていることでも、どのライバルも伝えていなければそれがあなた独自の強みとして伝えることも可能となります（第5章2項のシュリッツビールの例で紹介しましたね）。

さて、5項目ずつ強みと弱みを出したら、改めてどのライバルも重複し強調している強みを抜き出してみましょう。これらは、あなたは当然クリアできていなければならないし、むしろできていなければ最低限平均レベルまで引き上げる必要があります。できていないからといって悲観する必要はありません。おそらくどこもできるということは、あなたにもすぐにできることでしょう。苦手意識を持つのではなく、ただただやってきてないだけです。やればすぐにできるはずなので、難しく考えずに標準クラスまではクリアしましょう。ただし、この業界標準の部分から、さらに上に行こうとこの部分に注力するのはあまり得策とは言えません。それよりも他の勝てる場所を探していったほうが良いからです。この勝てる場所を探すというワークは次章以降で進めていきますので、ここでは他のライバルの強み共通部分を抜き出し、その後は各ライバル特有の強みも抜き出してください。抜き出すのは色を変えて○をつけたり、わかるようにチェックをしてください。この後で使うので、ここではわかるようになっていれば結構です。ライバル調査シートのほうも、各ライバルが抜きん出ている項目や目立つ項目、あなたなりに響いた項目はチェックや○をしていてください。これも後で見ます。

このようにライバルの強み弱みを出していくのですが、過去にパーソナルブランディングのセミナーを進めていく中で、なかなか強み弱みを出せない人もいました。やはり業界脳になってしまっているのですね。もしあなたも同じようにうまく強み弱みを出すことができなければ、全く業界のことを知らない自分以外の人に聞いてみるといいでしょう。本書の主旨である「1人で」からは若干それてしまいますが、困ったら他の人の意見を聞くこともちろんありです。それでは次のステップに進んでいきましょう。

第6章

「さあ始めよう！ステップ4」
自分の軸を作り出す

1 他にはない自分の強みキーワードを抜き出す

第3章〜第5章までのまとめとして、第6章では「自分の軸を作り出す」というテーマであなた自身のパーソナルブランドの軸づくりを進めていただきます。今まで作成してきたワークシートをすべて用意してください。第3章では、ひたすら自分をもっと知る作業をしてきました。自分のタイプを知り、過去を見て、キャリアを見て、あなたの強みをたくさん出してきました。第4章では顧客に目を向け、ターゲットを定め、ターゲットがどのようになったら幸せなのかを書き出してきました。第5章では、ライバルを見てきました。同業だけではなく、間接的にもライバルになる人や会社を抜き出し、実際のサービス対応からウェブサイトまでを分析し、ライバルの強み弱みを出してきました。

この「自分」「顧客」「ライバル」の3つをバランス良く見ながら、顧客が求めていて、さらにライバルにはできないあなた独自の強みを出していきましょう。ここで使うマーケティングのフレームワークを「3C分析」（サンシーもしくはスリーシー）といいます。大前研一氏が提唱した非常に有名なフレームワークです。図を見ながら使い方を解説します。

自社（Corporation もしくは Company のC）と、顧客（Customer もしくは Client のC）と、

3C分析でブルーオーシャンを見つける

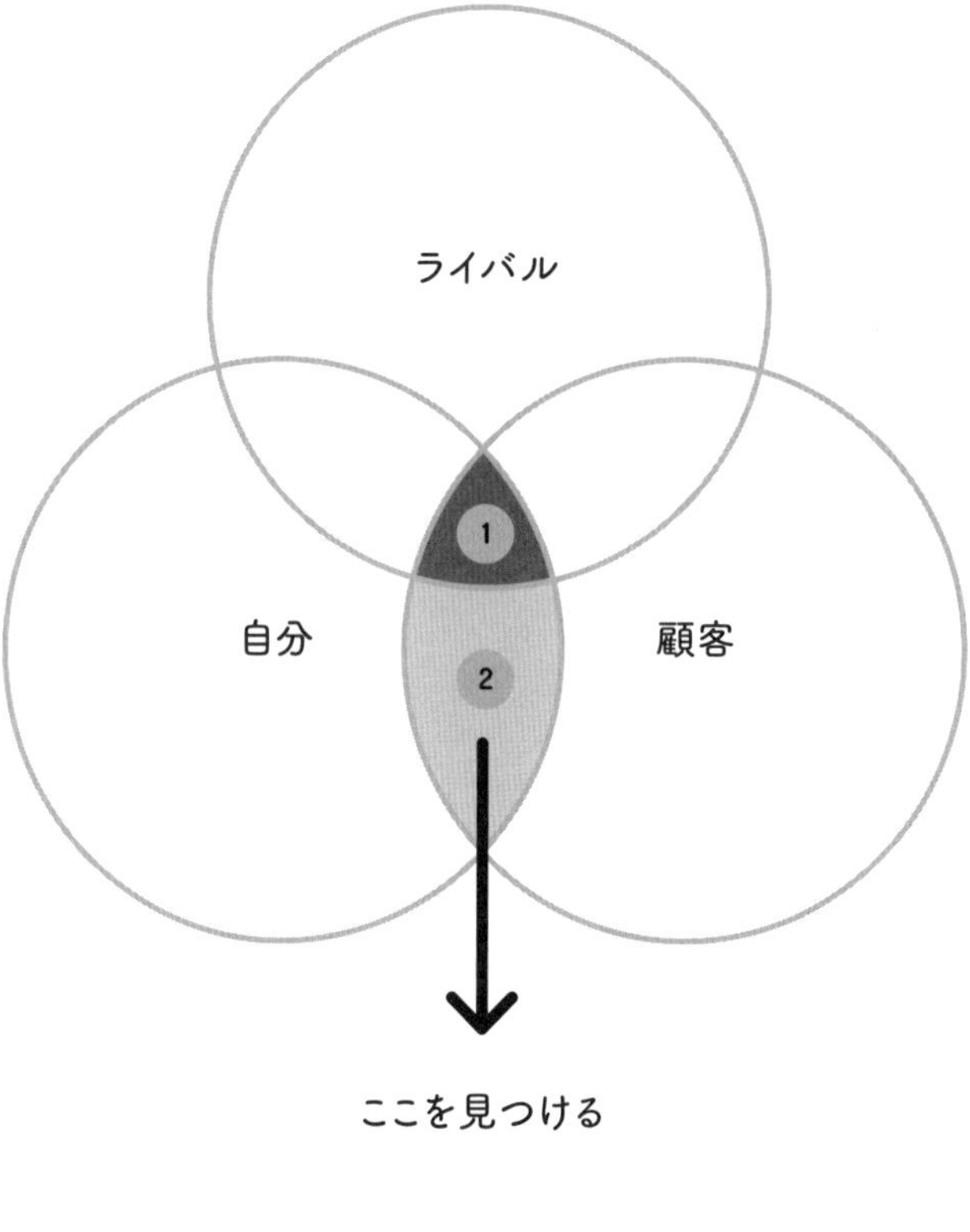

競合（Competitor のC）をとって、3C分析といいます。本書では自社を自分、競合をライバルに言い換えます。顧客が求めていて、自分もライバルも同様の商品・サービスを提供できる、つまり図でいうところのすべてが重複する真ん中の①の部分では、どんなことが起きるでしょうか？

顧客からすれば、あなたから買うのもライバルから買うのも一緒です。その場合は価格の安さでしか購入の判断ができません。つまり価格競争が生まれ、自分もライバルも消耗していってしまうゾーンです。いずれは誰のためにもならないゼロサム競争になってしまいます。利益を出しながら価格を安くできるのであれば、それはりっぱな強みとなりますが、ここでは利益を削り、価格だけの競争になるという結果につながってしまいます。利益が出せなければ、自分や従業員にお給料を出せません。外注先にも支払いができません。つまりはあげくの果てには廃業につながってしまいます。こんなゾーンで競争するのは、誰だっていやですよね。

図の②の部分を見てください。ここは顧客が求めているところで、自分にできてライバルにできないところです。できることなら①のゾーンではなく、②のゾーンで事業を伸ばしていきたいと思いませんか？　この②のゾーンを見つけることができるのが、この3C分析です。

数多くパーソナルブランディングを重ねてきた中で、この3C分析でうまく②を出すコツが2つあります。1つ目は先入観を持たずに、たくさんキーワードを出すということです。本書でも今まで3C分析の説明をせずに進めてきたのは、このためです。②のゾーンを探すことを目的に行なうと、思考が狭まり、チャンスを見落とすことがあるからです。

2つ目は、まずは自分を見つめ直すところから入っていくということです。3C分析の解説では、通常、顧客からとりかかるのですが、僕は自分の部分から進めていくことを勧めています。顧客、ライバルを見てチャンスがあったとしても、やはり自分が心底やりたいと思うことでないと長続きしないんです。それならライバルがひしめき合う①の部分だとしても、自分が本当にやりたいことであれば、このゾーンでチャンスを見つけていくほうが良いでしょう。本当にやりたいことであれば、いくらライバルがひしめき合う①のゾーンだとしても、必ず②の部分が見つけ出せるはずです。作り出せるはずです。ライバルがいなくて空いているからといって、自分のやりたいことを曲げてまで攻めていくのは得策ではありません。

さて、これらのコツと今まで作成してきたシートを見ながら、②のゾーンをできる限り見つけ出してみてください。あなた独自のワクワクするような強みが見つかってくるでしょう。この強みを大事にしてください。ここまで「自分」「顧客」「ライバル」をひたすら見つめ続けて出てきた、貴重な独自の強みです。自信を持ってこの大事な強みを活かしていきましょう。

2 サブカテゴリーでブルーオーシャンを創造する

3C分析であなた独自の強みを見つけ出せましたでしょうか。もし見つけ出せないとしても安心してください。ここでうまく自分独自の強みを見つけ出せなかった人に対して、見つけ出すのではなく作り出し方の話をしていきます。

ブルーオーシャン戦略とサブカテゴリーという概念を参考にします。ブルーオーシャン戦略とは既存のライバルが多い領域（これをレッドオーシャンと言います）での競争を避けて、競争のない新たな市場（これをブルーオーシャンと言います）を創造していくことを指します。つまりは図で言うと自分もライバルもまだできていないけれど、顧客が求めている③の部分を指します。この③の部分を②に持ってくるようなイノベーションを起こすことで、今はまだできていないけれどブルーオーシャンを作れます。ブルーオーシャンを創造すると、そのブルーオーシャンでは先導者になれますし、先駆者としての先行利益を確保できます。例えば最近では自動車のテスラがわかりやすい例でしょう。自動車というカテゴリーからさらに新たな電気自動車としてのカテゴリーを牽引し、優れたデザイン性も確立し、新たなラグジュアリーカーブランドとしてのポジションを築き上げています。

3C分析でブルーオーシャンを創る

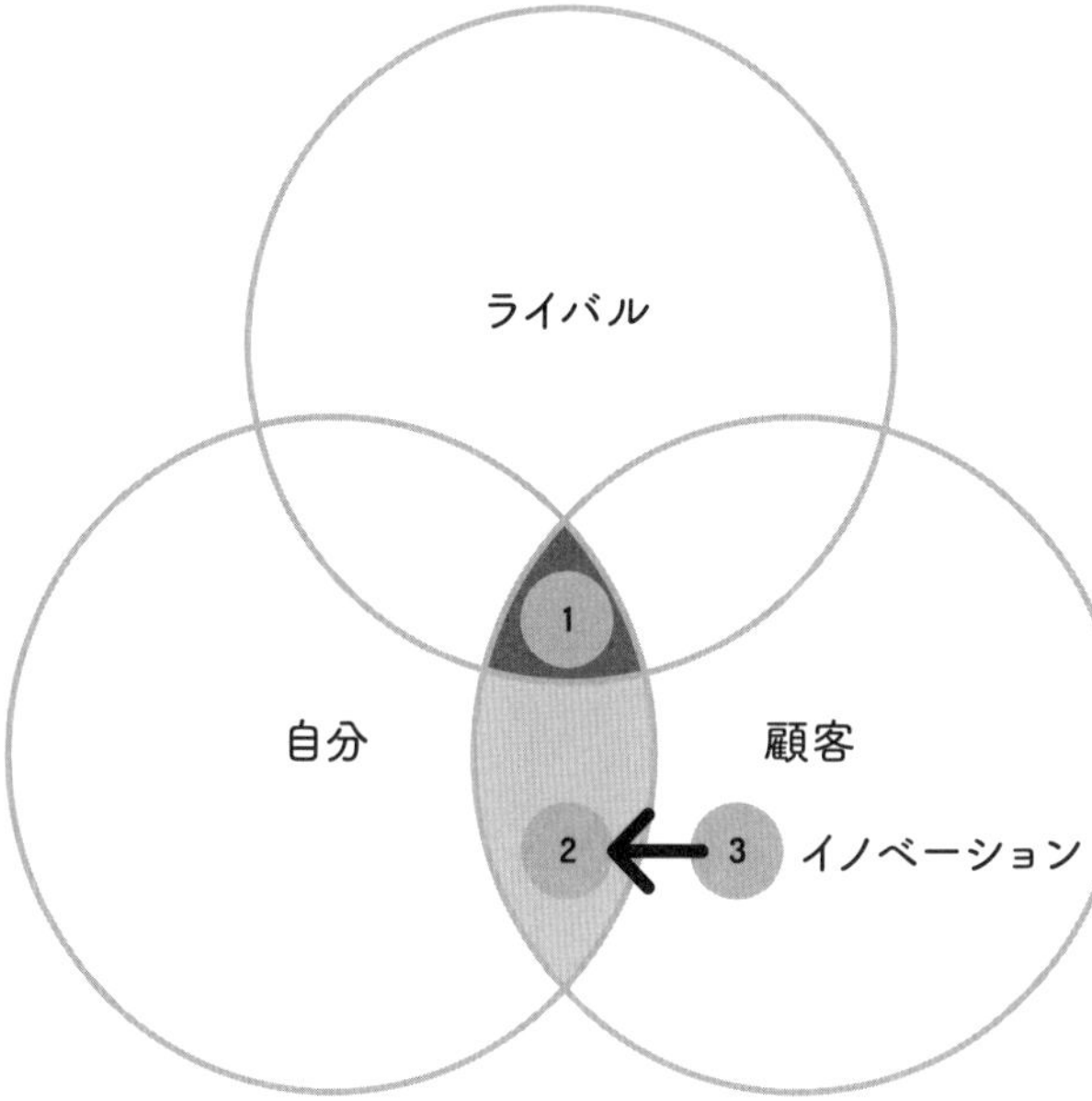

サブカテゴリーを作り出し
ブルーオーシャンを創造する

他にも、身近でわかりやすい例で言えば、ユニクロのヒートテックが挙げられます。イトーヨーカ堂がボディヒーター、西友がエコヒート、しまむらがファイバーヒート、など他社が類似商品で追随していますが、やはりあの温かい機能性に優れた防寒下着のことを指す言葉は、ヒートテック以外に浮かばない人が多いでしょう。

このように、周りを見ればブルーオーシャン戦略で成功している企業が多いことがわかります。

ブルーオーシャン戦略として、サブカテゴリーを創造していくやり方が良い戦略になりやすいでしょう。既存のカテゴリーではライバルが多く、なかなか一番になることが難しいですが、何かと何かをかけ合わせたサブカテゴリーを作り出し、そのサブカテゴリーを牽引していくことでオンリーワンのブルーオーシャン戦略を創造できます。例えば、SUBWAYはファーストフードの中でも、ヘルシーファーストフードという新たなサブカテゴリーを作り出し、キャッチコピーも「野菜のSUBWAY」として、既存のライバルがひしめくファーストフードカテゴリーから一歩外れたカテゴリーで勝機を得ています。他にも、ファスト・ファッションとして、ユニクロやGUなどが既存のアパレルブランドのカテゴリーから外れたカテゴリーで成功しているのもわかりやすい例でしょう。

わかりやすく有名で大きな例を出してきましたが、先入観にとらわれずに、全然関係のないカテゴリーを組み合わせてみることからやってみましょう。

例えば、まるで反対である細身とマッチョと組み合わせてみると、「細マッチョ」になりますね。喉に塗る薬とノズルを組み合わせてみると、「のどぬ〜るスプレー」になります。

例えば、女子高生とドラッカーを組み合わせてみると、「もしドラ」になります。

このように似たようなカテゴリーでも良いですし、異なるカテゴリーを組み合わせても新たなサブカテゴリーを作り出すことができ、ブルーオーシャンにつながります。僕の場合も実はサブカテゴリーを創造しています。僕の本来のカテゴリーは、ウェブ制作を行なう、いわゆる世間にたくさんあるウェブ屋です。しかし、個人事業主や経営者、一従業員が個性を発揮して魅力を発信していく場合は、パーソナルブランディングの設計から対応しますし、チームや組織全体でブランディングを行なう、いわゆる企業ブランディングの場合には、ブランドの社内浸透を大事にしたインターナルブランディング（社内向けブランディング）から、さらには市場や顧客に向けてのブランディング（エクスターナルブランディング）まで一貫してサポートしています。つまりはブランディングとウェブ屋を組み合わせた、ブランディングウェブ戦略研究家というサブカテゴリーを創造しています。

3C分析で独自の強みを見つけられなかった場合でも、改めて強み出しシートを見ながら新たなサブカテゴリーを作り出し、ブルーオーシャンを創造してみましょう。

3 パーソナルアイデンティティを明文化する

3C分析であなた独自の強みは出せたでしょうか。また、イノベーションを起こせるような、新たなあなた独自の領域を生み出せたでしょうか。ここでは導き出したあなた独自の強みキーワードを用いて、パーソナルアイデンティティを作成していきます。

パーソナルアイデンティティとは、自分自身のことであり、あなたにしかないものであったり、あなた独自の強みのことです。あなたっ「ぽさ」ということであり、パーソナルブランディングは「ぽさ創造活動」という定義でした。つまりは今までやってきた過程で出してきたものが、まさしくパーソナルブランディングの活動そのものであり、パーソナルアイデンティティを導き出すための流れでした。「自分」「顧客」「ライバル」をひたすら見続けて出てきたこの貴重な独自の強みを、もっと自分にしっくりくるように明文化していきましょう。例があったほうがわかりやすいので、明文化したパーソナルアイデンティティと、簡単なその人の背景を、数例紹介します。

「世代をつなぎ共感を生み出す、われらの代弁者」

これは政治家になることも見据えた活動をしているジャーナリストのパーソナルアイデン

ティティです。若い世代からシニア世代まで、各世代と触れることにより、みんなの想いを引き出し、それを代弁することにより、みんなの共感を生み出し、想いをつなげていくという、この方の決心も含まれたパーソナルアイデンティティです。エニアグラムのタイプやキャリアグラフでやってきたことも踏まえて出てきた強みとして、知的で洞察力があり、分析した内容を言葉にできるということがありました。顧客（この方の場合は一般市民）もライバル（この方の場合は他の選挙候補者）も見てきた中で、改めてご自身の強みが明確になり、パーソナルアイデンティティとして明文化しました。

「正義感あふれる、地域1番の家づくりの専門家」

これはある工務店の社長のパーソナルアイデンティティです。エニアグラムで自身のタイプが改めて明確になり、もともと自分に対して思っていた正義感の強さがそのまま強みとして使われています。また、この地域の中では数十人のスタッフを率いる比較的大きな工務店のため、自分たちが、そして自分が地域を引っ張っていくという意思の表われもあり、地域一番の家づくりの専門家というパーソナルアイデンティティができ上がりました。

「みんなの成功のあり方を求めて、明るく楽しい未来を創造するリーダー」

これはスタッフ数名の企業の社長のパーソナルアイデンティティです。今やっている事業の他にもやりたいことがあり、自分のタイプやキャリアグラフでやってきたことを深掘りしていった結果、関わるみんなを幸せにしながら、未来を創り出していくということが、この方にしかできない役割だと気づきました。ここからこのようなパーソナルアイデンティティになりました。

「楽しい場作りで、中小企業のブランド価値を引き出し、ウェブで浸透させる専門家」

これは僕のパーソナルアイデンティティです。エニアグラムでタイプ7の僕は、何事も楽しくしないと気がすまないタイプです。ライバルとして、ブランディングのコンサルタントは多く、ウェブ屋もたくさんいます。そんなところから、中小企業のブランディングに特化し、もともとのウェブ屋としてマーケティングを駆使してその企業の価値を伝えていく、ブランディングとウェブの両軸で展開していく専門家ということが導き出されました。また、知的で答えをピシャリと出すようなコンサルタントではなく、僕自身のキャラクターを大事にした楽しい場作りを表現できるようなパーソナルアイデンティティとなっています。

さて、これらを参考にしながらあなたもパーソナルアイデンティティを作成してみてください。うまく作成できない方は、テンプレートに当てはめて考えてみてください。作成の流れとコツをお伝えします。

①独自の強みキーワードを確認

顧客が求めていて、ライバルにはなく、あなた独自の強みキーワードを確認します。

②パーソナルアイデンティティ作成テンプレート

このテンプレートに当てはめて作成します。

「自分のタイプ（エニアグラム）で、誰に（ターゲット、マーケット）、どんな価値を提供する者（業種、キャリアなど）」

③20文字から30文字、多くても40文字

パーソナルアイデンティティはあまり長くないほうが良いです。シンプルに自分にしっくりくる言葉で作りましょう。

いかがでしょうか。あなた自身にしっくりくるパーソナルアイデンティティができましたでしょうか。今までとは全く違う自分を求めていて、結果的に目新しいパーソナルアイデンティティにならなかった方もいるかもしれません。それはそれで問題ありません。そもそも自分の強みは自分自身で感じていることが多いですから、改めて再認識できるということに重きをおきましょう。大事なのは、自分自身で納得して、自信を持って自分独自の強みを導き出すということです。

自尊心が大事ということを最初から伝えてきました。あなたの力を存分に発揮できる分野で、あなたの力を待っている顧客に、あなたの役割を活かした価値を提供していきましょう。

4 浸透させるために
キャッチコピー化する

ここでは、作り上げてきたパーソナルアイデンティティを、市場に向けて発信していくために、キャッチコピーとネーミングを考える作業をしていきます。

キャッチコピー、ネーミングは、そのままあなたのブランドイメージを築き上げていくためのブランド要素の一部です。ブランド要素とは、他にもロゴやカラー、音や香りなど、ブランドをイメージ連想するための最小要素のことです。これらすべてを意図的にコントロールしながら、一貫性を保ち、顧客に対してのブランドイメージを総合的に創り出していくのがパーソナルブランディングです。ですから、キャッチコピーやネーミングとはいえ、インパクトを重視するあまり、パーソナルアイデンティティとまったく異なるものにならないように注意しましょう。

僕のキャッチコピーを例に説明します。「ひたすら楽しく優しくわかりやすくがモットーのブランディングウェブ戦略研究家」、というものです。パーソナルアイデンティティは、「楽しい場作りで、中小企業のブランド価値を引き出し、ウェブで浸透させる専門家」でした。本来であれば、僕の場合「コンサルタント」が一番わかりやすい業種を表わすネーミング。

ですが、パーソナルアイデンティティをもとに考えると、コンサルタントでは少しイメージが違ってきます。そこで、いつまでも実直に成果を研究していくイメージを持ってもらうために、あえて「研究家」という言葉を用いて表現しています。さらに自分の顧客に対して心がけているサポート方法として、楽しそうで親しみやすそうなイメージを表わす言葉を加えたキャッチコピーとなっています。

また、これも僕の活動の例ですが、有料のサロンを共同で運営しています（後ほど、10章で詳しく説明します）。このサロンのキャッチコピーは、「ブランディング力を鍛える大人の放課後トレーニングサークル」です。ネーミングは「ブラ部」。ターゲットに対してワクワク感を出しながら、すぐにイメージできるキャッチコピーを心がけて作りました。他には、もう少しインパクトがあるネーミングとして「ノーブラ」（脳ブラ）も考えましたが、これは若干アダルトなイメージにつながりそうだったのでやめ、ブラ部を採用しました。

キャッチコピーやネーミングには、ある程度の「引っかかり」が必要で、少しトガっていた方が印象に残りやすくなります。ブランドイメージは、あらゆる記憶が結びつき、貯まることによって創られます。つまり、「記憶＝印象×ブランドに触れた回数」です。回数は増やしていけばいいのですが、印象のほうは、一般的で普通であればあるほど（つまりゼロに近いほど）、回数をいくら掛け算しても記憶は大きくなりません。パーソナルアイデンティティティからブレずに、かつ、印象が強くなるキャッチコピーやネーミングをつけましょう。

ブランディングの用語で、ブランドの価値を表わす言葉として、「ブランドエクイティ」という言葉があります。ブランドのネーミングはもちろん、キャッチコピーやその他のブランド要素、ブランドを見たり触れたりして感じた経験、これら全体から築き上げられるブランドの資産価値を表わす言葉です。あなたのブランドの売上は、このブランドエクイティ(資産価値)によって、大きな影響を受けます。

顧客は「間違った選択をしてしまうかもしれない」という不安を常に持っています。そんなときに、あなたの商品・サービスが、他との違いが明確で、かつ、自分(顧客のこと)に合っていることがわかって購入できたらどんなに安心でしょうか。さらに購入後もしっかりとしたサポートがあり、「間違いなかったな」と思えたら、どんなに幸せでしょうか。こうなると、顧客は他のライバル商品・サービスに手を出さなくなります。そして、自分の信頼のおけるブランドを、まるで自分のブランドのように周囲に伝え出します。これを聞いた、まだあなたのブランドを知らない顧客がまた安心・信頼してあなたのブランドを購入することにつながります。ブランドエクイティを高め、売らなくても選んでもらえるブランドになるよう、以降も一貫したパーソナルブランディングを行なっていきましょう。

5 パーソナルブランドを完全に自分のものにする

企業ブランディングの定義とパーソナルブランディングの定義については、第1章でお伝えしてきました。企業ブランディングには、インターナルブランディングとエクスターナルブランディングがあります。インターナルブランディングとは、その企業が掲げる旗印となるブランドアイデンティティをもとに、スタッフや社内にかかわる関係者に対して、どんな企業ブランドにしていくのかという思考を全員に浸透させ、行動を促していくための活動です。

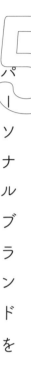

パーソナルブランディングはあなた個人のブランディングですから、企業ブランディングとは違うようですが、考え方は同様です。つまりは、あなた自身が自分のパーソナルアイデンティティについて理解を深め、顧客にどんな約束をするのかを常に念頭におき、自分のブランドを完全に自分のものにするのが、あなた個人のインターナルブランディングとなります。

そして、一貫性をもった言動、行動、ブランディング活動を行なうことにより、顧客もパーソナルアイデンティティに基づいたあなたへのブランドイメージを持つようになります。これがエクスターナルブランディングで、つまりは市場や顧客向けのブランディングのことです。

パーソナルブランディングは「ぽさ創造活動」ですから、エクスターナルブランディングの前に、インターナルブランディングでしっかりと「あなたっぽさ」を固めておかなくてはなりません。日によって言動や行動が変わってしまったり、人によって伝える価値が変わってしまうと、パーソナルブランディングにならないのです。繰り返し伝えてきていることですが、つまりは、パーソナルアイデンティティからブレてはいけなくて、一貫性をもった活動をしていく必要があります。

常に意識を高く、モチベーションを保つことは非常に難しいことです。モチベーションの高い低いに限らず、ブレずにパーソナルブランドを創造していきたいですよね。そのためには、習慣化するのが最も効果的です。習慣化とは科学です。習慣化してしまえば、同じ言動や行動ができるようになります。例えば自動車の運転も、完全に習慣化され自分のものにできているので、モチベーションの高低に限らず運転できるのと同じです。

パーソナルブランドを完全に自分のものにするための習慣化の手段として、僕自身も活用しているインカンテーション（Incantation）をお勧めしています。インカンテーションを直訳すると、「呪文、魔法、まじない」という意味で、自分自身に強い意識とパワーを与えることができる、プラスのフレーズです。自分が高揚する場面を思い描いてみたり、自分がパーソナルアイデンティティをもとに顧客のためになっている場面など、インカンテーションのフレーズは何でもかまいません。パーソナルアイデンティティに添っていて、あなたが高揚するフレーズであればOKです。僕の場合は、アンソニー・ロビンズ（世界ナンバーワンコーチ）のインカンテーションを参考にしながら、自分のパーソナルアイデンティティに結びつけてカスタマイズしています。アンソニー・ロビンズのインカンテーションを参考にしたものを紹介しておきます。

・戦士のインカンテーション

私は戦士だ。冬は私の季節だ。今が私の時代だ。私は否定されない。恐怖をくれ。制約をくれ。結果を出してみせる。私は他の誰よりも価値を創り出す。

・Now I Am The Voice

今、私は心の声に従う。私は、従うのではなく、導く。疑うのではなく、信じる。破壊するのではなく、創造する。私は善の力である。私はリーダーである。制限をはねのけろ！新しい基準を生きよう。ステップアップ！

例えばこれらをもとに自分流にカスタマイズするといいでしょう。

僕の場合は、このインカンテーションと、自社のビジョン、ミッション、企業理念、行動指針をスマートフォンに保存しておいて、毎朝、起きたらまず最初に読むようにしています。そして、今日やるべきことをリストアップします。また、寝る前にも見返すようにしていて、今日1日これらに沿ってできていなかったことを思い返し、明日の改善リストに加えて就寝するようにしています。

習慣化するというのは、たったこれだけのことです。毎朝、毎晩見返すだけ。これだけで劇的に変わります。ナポレオン・ヒル（成功哲学の提唱者）の有名な著書に『思考は現実化する』がありますが、パーソナルブランディングはまさにこれにあたります。

習慣化されることにより、思考が変わります。思考が変わることにより言動、行動が変わります。言動、行動が変わることにより、周囲にあなたっぽさが浸透し、「〇〇といったらあなた」というしくみができ上がります。まさしくパーソナルブランディングの「ぽさ創造活動」であり、思考が現実化されるのです。

さあ、ここまでやってきたあなた独自の強みから導き出されたパーソナルアイデンティティをもとに、自分なりのインカンテーションを作成し、インカンテーションを習慣化し、完全に自分のものにして、パーソナルブランディングを進めていきましょう。

第7章

「さあ始めよう！ステップ5」
具体的にパーソナルブランドを確立させる

1 ウェブでパーソナルカラーを決める

7章からはここまでに導き出してきたパーソナルアイデンティティをもとに、市場や顧客に向けてあなたのブランドイメージづくりを固め、確立していく作業に入っていきます。

ブランドイメージは、あなたの言動、行動からも蓄積されていきますが、見た目も影響してきます。あなたも日常の中で、初めて対面した人に対して、「こわそう」とか「やさしそう」とか、第一印象でなんとなく判断していませんか？　言い換えれば、こわそうに見える、優しそうに見える、ということですよね。つまり「ぽさ」につながります。

また、あなたがデザイナーであればデザイナーっぽい格好だったり、コンサルタントであればコンサルタントっぽい格好をすることで職種が伝わります。逆に、標準的なその職種っぽい感じを出したくなければ、そうでない格好をする必要があります。

初見で判断される第一印象ですが、なんとなく良い印象の人もいれば、なんとなく印象が悪い人がいませんか？　もしかしたらあなたも、あなたが思っているほど相手に良い印象を与えていないかもしれません。

こんなふうに言われたことはありませんか？　「疲れているように見える」「地味に見える」

「野暮ったく見える」「とっつきにくく見える」「幼く見える」「年上に見える」など。パーソナルブランディングセミナーをする中で、これらの悩みは数多く寄せられます。これはあなたが身にまとっている服装の「カラー」の間違いからくるもので、あなたに合うカラーではないからです。

人には必ず合うカラーがあり、それをパーソナルカラーというのですが、カラーを変えるだけで印象がまったく変わります。せっかくならあなたに似合うカラーを知っておいて、相手に良い印象を与えたいと思いませんか？　もちろん時と所と場合に（ＴＰＯという）応じて服装を選ぶことは大事ですが、いろんな場面で自分が良く見えるカラーを使い分けることができれば、あなたのブランドイメージは好印象を与えます。

特にビジネスの場面では、初見で「自分の印象を相手に残す」ことが重要になってきます。名前までは覚えていなくても、なんとなく印象の良い人の顔は浮かんでくるという経験はないでしょうか。この現象にパーソナルカラーが大きく関係しています。

パーソナルカラーという考え方はすでに１９２０年台から現われています。１９４０年台にはカラーコンサルタントという職種が存在していたほどで、以前からカラーで印象を良くしようという考え方は一般的だったのです。自分の好きな色ではなく、似合う色を身にまとうことにより、印象を良くしたいという考え方は、昔も今も一緒だったのですね。

パーソナルカラーにはイエローベースとブルーベースの大グループがあり、そこからさらに春夏秋冬の4つに分類されます。

・スプリングタイプ

スプリングタイプは、イエローベースで暖かみがあって澄んだカラーが似合うタイプです。その名の通り、春の花畑をイメージさせる明るいカラーが似合います。

・サマータイプ

サマータイプは、ブルーベースで涼しげでくすんだ色が似合うタイプです。夏の爽やかな青みがかったカラーや、冷たくて澄んでいるカラーが似合います。

・オータムタイプ

オータムタイプは、イエローベースで暖かみがあって落ち着いたカラーが似合うタイプです。秋の紅葉を連想させる、シックなカラーが似合います。

・ウィンタータイプ

ウィンタータイプは、ブルーベースで涼しげで鮮やかな色が似合うタイプです。冬を連想させるモノクロームで、コントラストがはっきりしたヴィヴィッドなカラーが似合います。

この4シーズンのカラータイプを、あなたの肌、瞳、髪の色などから分析し、分類していきます。自分の感性で選んでも、単純にあなたの好きなカラーになってしまうので、専門家にパーソナルカラー診断を依頼するのが一番です。本書ではスピードを重視し、簡易的にあなたのパーソナルカラーを診断できる方法をご紹介しておきます。

ウェブ上には、このパーソナルカラー診断できるサイトが複数あり、データベースが用意されていて判断できるようになっています。特に、「20秒で診断!パーソナルカラー(似合う色)診断」(All About。男性編、女性編、双方あります)が簡単で使いやすいです。

また、あらゆる場面で一貫してブランドイメージを創り出していきたいので、カラーコードを知っておくことも重要です。名刺やウェブサイトなどを作成する際に、大まかな色を伝えるだけでは、違ったタイプのカラーになってしまう可能性があります。「カラーコード」と検索すれば、16進数のカラーコードがわかりますので、チェックしておきましょう。

ちなみに僕はデニムが好きで、カーキが好みなので、ついつい自分の服は好きなカラーばかりが揃っていたのですが、自分のパーソナルカラーを診断したところ、スプリングタイプでクリアサーモンピンクが特に似合うということがわかったので、カラーコードをデザイナーに伝え、ブログのデザインをしてもらっています。また、本書のカラーもクリアサーモンピンクで、ボク個人のパーソナルブランディングも一貫させています。

あなたのブランドイメージを左右する大事なパーソナルカラーです。時と場合に応じて上手に活用していきましょう。

2 ウェブでパーソナルスタイルを決める

あなたに似合うパーソナルカラーがわかったら、今度は服装＝スタイルです。カラーだけではなく、スタイル自体でその人のイメージもまったく変わります。自分では良いと思っているスタイルでも本当は合ってないかもしれません。あなたのブランドイメージに大きくかかわってくることなので、自分に合うスタイルを知っておきましょう。

パーソナルスタイルは、俗にいう「スタイルが良くていいですね」といったスリムでスラッとしたスタイルの善し悪しのことではありません。人それぞれ生まれもった顔立ち、骨格、体型、肉付き、質感などがあり、それによって合うファッションスタイルが異なります。似合う素材やファッションスタイルがわかれば、それに合わせたカラーコーディネートや小物などのアイテム選びにも役立てることができます。

こんな経験はありませんか？　ファッション雑誌で芸能人やモデルが着ている服。背丈もだいたい同じくらいと、ワクワクしながら購入してみたものの、なんかイメージと違う。友人が着ていてとてもステキだったので、自分も購入してみたものの、友人ほどステキに見えず違和感が残る。そう、この「イメージと違う」とか「違和感が残る」原因がまさしくパーソナルスタイルの違いです。

自分に合うパーソナルスタイルがわかると、こんなメリットがあります。「あかぬけた印象になれる」「本来の自分らしさが引き出される」「自然とオシャレに見られる」などです。年齢や身長にかかわらず、どんな人でも自分に合うスタイルがあります。

さて、パーソナルスタイルは3つのタイプに分類されます。

・ストレートタイプ

体の特徴：体に厚みがあり、全体に立体感があります。筋肉を感じさせるメリハリのある体です。比較的、上重心で、肌に弾力がりハリがあるのが特徴的です。

似合うファッション：立体的で厚みがあるので、飾りを抑えたすっきりとシンプルなファッションが似合います。高級感のある上質な素材の服装を選び、ところどころにボリュームが出過ぎないよう心がけ、すっきりと真っ直ぐなシルエットを創り出すと良いでしょう。

・ウェーブタイプ

体の特徴：体はうすく、きゃしゃで厚みがなく、柔らかな曲線の体が特徴です。比較的、下に重心があり、肌は筋肉よりも脂肪を感じさせる優しい質感なのが特徴的です。

似合うファッション：華奢で柔らかな曲線の体なので、さみしく見られないように、華やかで装飾的なファッションが似合います。柔らかで優しい肌の質感に似合うよう、うすく柔らかい素材の洋服を選び、体の曲線を強調させるようなシルエットを作りましょう。

・**ナチュラルタイプ**

体の特徴：筋肉も脂肪も感じさせない、スタイリッシュな体が特徴です。骨が大きめで太く、関節も大きくて目立ちます。全体的に四角形（フレームのような感じ）です。肌は個人差があり偏った特徴はありません。

似合うファッション：体のフレームがしっかりしていて、すらっとしたスタイリッシュな体が特徴なので、全体的に力が抜けるような、ゆったりとしたカジュアルなファッションが似合います。あまり装飾して作り込まないようにし、大きめでゆったりとした服装を選ぶと良いでしょう。

右の3つのタイプから、自分のパーソナルスタイルを導き出しましょう。パーソナルスタイルももちろん専門家に依頼して診断してもらったほうがいいのですが、本書では「1人で1日で」がテーマなので、簡易的に診断できる方法をお伝えします。

「パーソナルスタイル　自己診断　女性（ｏｒ男性）」で検索してみましょう。パーソナルカラーと同様に、自分で診断できるサイトが複数出てきます。

パーソナルカラーとパーソナルスタイルであなたのブランドイメージをアップさせる準備が整ってきました。続けて他の要素も調べ、よりあなたのブランド力を上げていきましょう。

3 ウェブでパーソナルフレグランスを決める

あなたに似合うパーソナルカラーとパーソナルスタイルがわかったら、今度は香りです。あなたの香りはどんな香りですか？　タバコのヤニのにおいがしたり、加齢臭がしたり、安くてにおいのきつい香水のにおいがしたら、顧客はどう思うでしょうか？　ブランドイメージはいいですか？　悪いですか？　聞くまでもないですよね。

左のような経験があると思います。特に食に関しては頻繁にあるでしょう。

- 焼肉屋さんの前を通ったら美味しそうな香りがして食べたい衝動に駆られた。
- 出先でカレーの香りがして、食べたくなり探したら数十メートル先に店舗があった。
- 街で歩いていると、すれ違った人からふっと香ったにおいで、昔の恋人を思い出した。

などです。食に関する香りの例はわかりやすいですよね。実際にイベント時に料理の香りを出すか出さないかで、売上に大きな差が出ます。昔の恋人を思い出すのも、香りだけで記憶がよみがえることってすごいですよね。このように特定の香りを嗅ぐことで、昔の記憶や感情が呼び起こされる現象を、「プルースト効果」と言い、ブランディングにも大きな影響を及ぼします。

スターバックスを例にみてみましょう。店内に入るとあのコーヒーの香りが、いつもの落ち着いた空間を思い出させてくれます。パンは焼き立てが美味しいにも関わらず、スターバックスでは店内でパンを焼かないのです。一局面を見れば焼きたてのパンを出したほうがいいかもしれません。ですが、あの香りを大事にする、一貫したブランディングがスターバックスのブランドイメージを創り出しています。国が変わっても、どこへいっても変わらない安心感が、スターバックスのブランドの強みになっています（※例外もあり、過去や一部の店舗ではパンを焼くこともあるようです）。

また、他にも、フレグランスを例にした有名なブランディング事例といえば、アバクロンビー&フィッチ（Abercrombie & Fitch、通称アバクロ）があります。店内に入ったことがある方はわかると思いますが、忘れられないインパクトのあるフレグランスの香りがします。その後、またあの香りを嗅ぐと、自然とアバクロを思い出します。アバクロの場合はブランドイメージに合わせ、独自にこのフレグランスを開発（これを「ブランドセント」という）し、みなさんにブランドを認知付けているのです。

このように企業ブランディングでも取り入れられるフレグランスですが、もちろんパーソナルブランディングでも有効です。パーソナルカラーやパーソナルスタイルと同様に、あなたに合うパーソナルフレグランスがあり、タイプが7つあります。

・オタンティックタイプ

「気取りのない純粋さ」を連想させます。香りの傾向としては、穏やかで落ち着かせてくれる香りです。

・アヴァンチュリールタイプ

「わくわくするような期待」を連想させます。香りの傾向としては、旅立ちを予感させるような香りです。

・イノサントタイプ

「無邪気な子供」をイメージ連想させます。香りの傾向としては、さわやかで軽い感じの、みずみずしさを感じる香りです。

・セデュクトリスタイプ

「セクシー」を連想させます。香りの傾向としては、内面も外面も魅力的で魅惑をおび、触れたくなるような香りです。

・エリティストタイプ

「こだわりの感覚」を連想させます。香りの傾向としては、あまり知られていない希少性の高い香りだったり、真似されにくいあなただけの香りです。

・ノスタルジックタイプ

「幼いころの記憶」を連想させます。香りの傾向としては、幼いころを思い起こさせるような豊かな香りです。

・モードタイプ

「流行の先端」を連想させます。香りの傾向としては、未来をイメージさせるような新しく革新的な香りです。

パーソナルカラー、パーソナルスタイル同様、「パーソナルフレグランス　診断」と検索するとウェブ上でパーソナルフレグランスの診断ができます。自分の好みで診断してもいいのですが、せっかくですから今までやってきたパーソナルアイデンティティに沿って、自分がどんなブランドイメージで想起されたいのかを連想しながら診断すると良いでしょう。

中には香水自体が嫌いな人もいるかもしれません。特に男性の場合には、抵抗感がある人も多いでしょう。誤解を招くといけないのですが、決して香水を付けてパーソナルブランディングしましょうということではありません。人の五感を刺激する大事な香りですから、タバコのにおいや加齢臭でブランドイメージをマイナスなイメージにしないようにこころがけていきましょう。

4 あなただけのクラウドスタイリストを雇う

パーソナルカラーやパーソナルスタイルで、自分のブランドイメージアップの方法がわかったとしても、それをうまく活用できなければ意味がありません。

本書では、洋服選びをするときやあまり自分のセンスがあまり良くないと感じている人のために、専用のスタイリストをつけることをお勧めします。専用のスタイリストというと、大層なことにとらえられてしまうかもしれませんが、ここでお勧めするのはクラウドのスタイリストです。男性用、女性用のクラウドスタイリストサービスがありますので、男女別に分けてサービス紹介していきましょう。

まずは女性用から。

・airCloset

https://www.air-closet.com/

エアークローゼットというサービスです。料金は月額6800円（税別）で1回に3着まで借りることができます。さらに上のレギュラープランにアップすると、なんと月にレンタル回数無制限で借りることができます。２０１５年2月3日からサービスを開始し、各種メディアに取り上げられ、瞬く間に業績を伸ばしています。あなた専用のスタイリストが付き、事前に相談ができます。相談後、スタイリストが選んだ服が届きます。返却期限はなく、好きなだけ着ることができます。着終わったら返却するだけで、クリーニング不要で送料も無料です。

・Ｒｃａｗａｉｉ

https://www.rcawaii.com/

アールカワイイです。料金は月額６８００円（税別）で1回に3着まで借りることができます。さらに上のプランには、借り放題お試しプラン、シルバープラン、ゴールドプラン、プラチナプランといった上位プランが用意されており、これらのプランは何度でも交換が可能です。ターゲットは、ルミネ・SHIBUYA109など小悪魔ageha系のファッションが好きな18歳～30代女性で、airClosetとはかぶらないターゲット層になっています。キャバクラに勤めている方には「キャバドレス1着&同伴用2着」といったサービスもあり、何度も着るような服ではないので、非常に使い勝手が良いのでしょう。購入した場合とRcawaiiを利用した場合での料金比較表がわかりやすく、全体的に説明がていねいです。

次に男性用です。

・Leeap

https://leeap.jp/

リープです。料金はカジュアルプランで月額７８００円（税別）です。２つの着こなし（４アイテム）を借りることができます。さらに上のビジネスプランでは、ジャケットが借りられるようになります。まずはスタイリストとＬＩＮＥなどで相談後、２着の着こなしが届きます。返却期限がないので、自分が気に入った服をずっと楽しんで着ることができます。

・ERANDE

https://www.erande-tokyo.com/

エランデです。実はこれはクラウドスタイリストではなく、実際にリアルな女性スタイリストが同行して、一緒に買い物をしてコーディネートしてくれるサービスです。スタイリストのことを、エランデではセレクターといいます。料金は、２時間で、セレクターによって金額が変わります。非常に面白いサービスですが、デートや他の目的の人もいるでしょうから、そのあたりのマネージメントが心配になりますが、注目に値するサービスです。

エリアは、都内や横浜に限定されます。男性だけではなく、女性も使えるサービスです。

実際にセレクターは、アパレル販売員経験者であったり、読者モデルをしているファッションセンスに優れた実力の持ち主ばかり。レンタルではなく、実際に購入したい場合はエランデを活用すると良いでしょう。

いかがでしたでしょうか？　ここで紹介した以外でも、同様のサービスがこれからたくさん出てくるでしょう。また、競争の激しい業界ですから、切磋琢磨があり、皆様に選ばれ愛される良いサービスが残っていくことでしょう。自分に合いそうなサービスを選ぶのもいいですし、せっかくですから複数同時に試してみることもお勧めします。

こういったサービスを見ると、「月額これだけかかるのであれば、買ったほうがまし」と思う方もいるかもしれません。もちろんそれはそれでかまいません。無理にこういったサービスをお勧めするわけではありません。あくまでも自分でうまくファッションコーディネートできない人向けの紹介です。

ちなみに、僕は洋服を買うのが比較的好きなほうです。どんなサイトを見ていても、常にリマーケティング広告が追いかけてきます。そしてついついポチッとしてしまい、同じようなカラーで同じような素材の洋服がたまっていきます。ですから、たまには普段と違うファッションに挑戦したり、気分を変える目的で、リープを利用しています。いろんな活用方法がありますので、用途に応じて上手に活用してみましょう。

5 プロフィール撮影には力を入れる

スマートフォンを中心に、ネットを使わない日がないというくらい、僕達は常に何かで誰かとネットでつながっています。誰がいつどこでどんな人と会っているのか、どんな仕事をしているのか、何を食べているのか、SNSを見ればすぐにわかりますし、ブログやYouTubeで自分の主張を表現しています。芸能人でもテレビなどの既存メディアからではなく、ネットから表現する人も増えてきています。

YouTubeでペンパイナッポーアッポーペン（通称PPAP）を公開したピコ太郎は、ジャスティン・ビーバーがTwitterでツイートしたことでブレイクしました。その後、テレビでも取り上げられ、テレビCMにも出演するようになりました。

キングコング西野は、LINE BLOGで自身の大ヒット絵本『えんとつ町のプペル』を無料公開しました。無料公開を宣言したブログ記事の冒頭は「毎度お騒がせしております。キングコング西野です」といった文章で始まります。が、その前に、顎に手をやり、白と黒のコントラストでこちらを見つめるプロフィール画像があります。ブログのプロフィール画像もこの画像です。

文章よりも前に、まずプロフィールの画像を出しているのです。そして、無料公開したページの最後の「あとがき」でも、同じプロフィール画像が出てきます。キングコング西野と言えば、顎に手をやり白と黒のコントラストでこちらを見つめる画像というイメージを持っている人も多いのではないでしょうか。

このように、ネットと常につながっていて、ブログやSNSでいろんな人にアプローチできる時代ですから、当然プロフィール写真のできが、あなたのブランドイメージに大きく影響されます。

パーソナルアイデンティティを確立するために、パーソナルカラーやパーソナルスタイルを選び、コーディネートが得意でない人はクラウドスタイリストを付けて、見た目のパーソナルブランディングに関わる部分を準備してきました。これらのまとめとも言えるプロフィール写真ですから、スマートフォンや自撮り棒を使った、いわゆる自撮りではなく、ぜひプロのカメラマンに撮影をしてもらいましょう。

撮影するプロフィール写真は1種類ではなく、複数のパターンで撮影してもらうといいでしょう。用途に応じて使い分けることで、パーソナルブランディングにつながります。以降は、お勧めの4つのパターンです。

・白黒のコントラストが効いた渋い写真パターン

クリエイティブで、かつ、渋い印象を与えることができます。腕を組んだり、肘をついたり、顎に手をやったり、強めなカメラ目線にしてみたり。普通のカラー写真だとこわそうな印象を与えてしまいがちですが、白黒のコントラストを効かせると、一気に好印象な写真となります。用途としては、SNSや名刺のプロフィール画像として使うと良いでしょう。

・自然な風景に溶け込んだラフな写真パターン

さわやかではつらつとした印象を与えることができます。目線をカメラに向けないことにより、より自然な印象を与え、日常のライフスタイルもさわやかというブランドイメージを蓄積することができます。用途としては、ブログのメインビジュアルだったり、大きめにあしらえるリーフレットの自己紹介部分で使うと良いでしょう。

・スーツや正装をまとった真面目な写真パターン

しっかりとした、真面目で紳士的な印象を与えることができます。用途としては、セミナーや研修などの登壇時の講師写真や、公的な機関での自己紹介部分などで使います。

・パーソナルカラーとパーソナルスタイルを活かした写真パターン

パーソナルカラーで一番良く合うカラーを選び、パーソナルスタイルで似合うコーディネートすることで、自分が一番映える写真となるでしょう。用途としては、これもSNSやブログのプロフィール写真に使ったり、ラフな場面や、堅くない雰囲気を出したい時に使うと良いでしょう。

僕自身も、プロのカメラマンに撮影してもらい、このような写真をいくつか揃えてあります。名刺、ブログ、SNS、セミナーや研修の宣伝チラシなど、さまざまな用途に応じて使い分けています。

パーソナルカラーの章でも話しましたが、なぜ本書のカラーがクリアサーモンピンクかというと、本書を持ちながら写真を撮る機会が増えると予測したからです。パーソナルカラーの本を持った僕の写真が、ブログやSNSでアップされれば、僕個人のパーソナルブランディングにつながります。また、実際にパーソナルカラーの事例として説明がしやすいですし、パーソナルカラーが写真に入ることになるので、印象が良くなります。

百聞は一見にしかず。写真は一発でイメージが伝わります。時間をかけてでも、自分のパーソナルアイデンティティに沿った画像はどういったものなのかをきちんと考察し、効果的な写真を撮影しましょう。

第8章

「さあ始めよう！ステップ6」ブログでパーソナルブランドを浸透させる

1 共感を得られるブランドプロフィールの作り方

さあ、パーソナルブランディングも折り返し地点を過ぎました。この章ではブログでパーソナルブランドを浸透させることをテーマにお伝えしていきます。

さて、僕への相談で多いのが、ブログとSNS、どちらでブランディングをすればいいですか？　というもの。即答で「両方です」とお答えします。今やSNS全盛期。さらにブログもあり、絞ってやるなら何が良いのでしょうか？　これはターゲットによって変わります。

ブログはSNSに比べて、新規顧客を得やすい媒体です。価値が下がりにくいコンテンツ（これをストックコンテンツという）を量産することにより、永続的に新規顧客が訪れるようになります。逆にSNSは後々価値は下がってしまうかもしれませんが、そのとき旬なコンテンツ（これをフローコンテンツという）でアクセスを集めるのが強い媒体です。もっとわかりやすく言うと、本質やテクニックをまとめた価値あるコンテンツがストックコンテンツ、つぶやきやキャンペーン情報などをまとめたコンテンツがフローコンテンツです。どちらも大事なのですが、価値や資産をためていくというブランドエクイティ的な考え方でいうと、ブログが勝るでしょう。

さて、そんなストックコンテンツに有効的なブログですが、ストックコンテンツが貯まれば貯まるほどブランディングに好影響です。さらに、そのストックコンテンツを二次的にSNSで拡散していけば、もっと好影響が出てきます。

そんなときに、閲覧者に、ただただ良いコンテンツだったなと思われるだけではもったいないですよね。閲覧だけで終わらせずに、できれば2度3度と、たびたび見てもらえるようになってもらいたい。そうするためには2つの要点があります。

1つ目はリードジェネレーションです。リードジェネレーションとは、見込顧客を獲得するための活動のことです。例えば、通販会社が多く運用している内容ですが、お試しセットを送るために、メールアドレスや住所を登録してもらい、顧客情報を得ることがこれにあたります。資料請求や、無料だったり安価なセミナーなどを開催して、多くの見込顧客を得ることもリードジェネレーションにあたります。閲覧だけで終わらせない工夫をほどこし、リードジェネレーションをしていきましょう。

もう1つの要点は、プロフィールです。よく、ただただステータスを並べたプロフィールを見かけますが、ステータスだけではその人の人柄がわかりません。人柄がわからないと、顧客はあなたの商品・サービスを購入することにリスクを感じ、購入を拒みます。いくら商品・サービスが良くても、こわかったり嫌な人からは購入はしたくないですよね。ですから、プロフィールには人柄がわかるような工夫が必要なのです。ですが、ただただ自分はいい人ですよと伝えるだけでは、そもそも疑わしく、信頼を得ることができません。

プロフィールを通じて信頼を得るためには、顧客の共感を生み出す内容が不可欠ですが、ただ羅列しているだけではあまり効果がありません。人は読みたいと思わないと、頭に入ってこないものです。読みたいと思うには、普段から良く読んでいるものに合わせて伝えてあげるのが一番。

多くの人が共通して読みたいと思うものが、物語です。良い物語には、読めば読むほど次を読みたくさせる力があります。

このように、物語を通じて共感を生み出す手法を、ストーリーテリングといいます。あなたが伝えたいパーソナルブランドを想起させるような、印象的な体験談や今までやってきた経験、歴史などを「物語」の力を使って、伝えていくのです。文字数が決まっているSNSや他のプロフィール欄と違い、ブログは、文字数に制限がありません。ですから、このストーリーテリングを大いに活用できるのです。さあ、ストーリーテリングを用いて、顧客にあなたのブランドイメージを浸透させていきましょう。

2 自分に合ったストーリーテリングを選ぶ

面白い映画や漫画はなぜ人々が観たり読んだりするのか。それはストーリーがちゃんとしていて惹き込まれるからです。よくできた「物語」は昔から人々が読んできました。もともと人々は「物語」を読む文化を持っているのです。この「物語」の力を使って、顧客に響くプロフィールをつくるために、ストーリーテリングを活用していきます。

セミナーなどで僕はよくタイタニックの事例を出します。タイタニックのストーリーは普通にありのまま伝えると、まったく面白くないものになってしまいます。例えばこんな感じ。「男女が船に乗り込みました」→「船は沈んでしまいました」→「2人とも亡くなってしまいました」おわり。何も面白くないですね。ここに物語性が加わるから、みんなが惹きこまれて面白いと感じるようになるのです。

それぞれ面白い物語には、ある一定の法則があるのですが、誰もが知っている「桃太郎」をもとに考えると、次のようになります。①から⑤の流れで説明します。

「①平凡な日常（おじいさんとおばあさんとの日常）」
「②試練に遭遇（鬼がはばをきかせ始める）」
「③仲間と出会い手を組む（きじ、猿、犬と出会う）」
「④障害を乗り越える（みんなで鬼をやっつける）」
「⑤1人ではできない価値を生み出す（超すっきり♪）」

このような流れになります。この流れだから面白いのですよね。ちなみに僕はこの流れを「パートナーバージョン」と名付けています。1人だけでは乗り越えられない大きな試練に遭遇し、仲間と一緒にその大きなハードルを乗り越え、目標を達成していくというストーリーです。人気マンガのONE PIECEもまさしくこの流れです。このパートナーバージョンを含めて、使いやすいストーリーテリングを、あと2つご紹介します。

・逆境バージョン

「①それなりな人生」
「②不幸が起きる」
「③乗り越える」
「④そしてパワーアップする」
「⑤新たな価値を提供できるようになる」

悲しい不幸が突然おとずれ、絶望に打ちひしがれる中、このままではいけないと立ち上がり、努力して力をつけていきながら、最後は大きなハードルを乗り越えていき、最終的に新たな価値を提供できるようになるといった流れです。例えば、映画『ショーシャンクの空に』がこのバージョンにあたります。

・サクセスストーリーバージョン

「①それなりな人生」
「②夢が見つかる」
「③夢に向かって進み出す」
「④さまざまなハードルを乗り越える」
「⑤当初の夢以上に成功する」

標準的な力を持った人が、夢という大きな可能性を持つことにより、あらゆるハードルを乗り越えて成功していく流れです。漫画『バガボンド』がこの流れにあたります。

ストーリーテリングの3バージョンを紹介しました。他にもありますが、だいたいこの3つでこと足りるでしょう。

参考までに、僕のプロフィールをご覧ください。「草間淳哉プロフィール」で検索すると出てきます。中盤あたりから見ていただくと参考になるでしょう。

ちなみに、プロフィールといってもどこかに寄稿したり、何かのチラシだったりといった場面では、このストーリーテリングは使えません。だいたい枠が決まっていることが多いので、自分が所有していて自由の効くメディア（これをオウンドメディアという）のプロフィールとして使いましょう。枠が決まっている時には、ステータスの羅列でも問題ありません。

最後に1つだけ注意点を。ビジネスライティングの場合には、このストーリーテリングは使えません。何かを報告する場面で、遠回しに結論を最後に持っていっても、「まずは結論から話してください」と注意されてしまいますからね。

さあ、注意事項を踏まえながら、物語の力で、思う存分にあなたの魅力を伝えましょう。キャリアグラフを書いたときの自分のストーリーを見返しながら作ると良いでしょう。今までの自分のキャリアは、どのストーリーテリングの流れが合いそうですか？　あとは選んだバージョンの流れに沿って書いていけば、あなたのパーソナルブランドが顧客に自然と伝わるプロフィールができ上がるでしょう。

3 コンテンツマーケティングとブランディングブログ

共感を得られるストーリーテリングを用いたプロフィールができたら、ブランディングのためのブログを始めていきましょう。パーソナルブランディングの中で、一番自分のブランドを浸透させていくことができるのがブログです。

自分が所有していて自由の効くメディアのことをオウンドメディアと呼ぶことは第1章4項でもふれましたが、もう少し説明を加えると、オウンドメディアとは、自分の商品・サービスを紹介しているチラシやリーフレット、メールマガジンやその他自分運営のサイトなどの総称で、「オウンド＝自分」の「メディア＝媒体」だからオウンドメディアです。さらに現在では、オウンドメディアというとウェブでのブログをイメージする人がほとんどというくらい、ブログの力が注目されています。

さらにコンテンツマーケティングというマーケティング手法にも触れておきましょう。コンテンツマーケティングとは、良質なコンテンツを制作し、発信していくことで、①潜在顧客から②見込顧客、③購入顧客、④再来顧客まで育てて、ロイヤルカスタマーとして定着させていくためのマーケティング手法です。

我々、ビジネスを提供する側にとって、顧客を育ててビジネスをまわすという考え方は、うまくいくビジネスの鉄則です。顧客がいないビジネスはありません。必ずビジネスには顧客がいて、この顧客を4つのステージで考えてみると、良いビジネスとなっているかがわかり、コンテンツマーケティングの重要性がわかります。

①潜在顧客

自分の商品・サービスを知らない顧客を指します。あなた（の会社）がよほどの大企業でない限り、あなたの商品・サービスを知らない顧客がほとんどです。その分チャンスがあるわけなのですが、誰でも良いわけではなく、あなたのブランドを伝えていくのはターゲットとなる潜在顧客です。

②見込顧客

あなたの商品・サービスに興味を持ってくれている顧客のことです。そしてこちらもその顧客の情報を知っている状態を指します。つまり、メールアドレスや住所などです。ただただ知ってもらっただけでなく、無料体験やお試しセットなどを用意して、こちらからアプローチできるようにリードジェネレーションをほどこしましょう。

③購入顧客

自分の商品・サービスを購入してくださった顧客を指します。安くても構いません。一度でも購入してくださった顧客です。価格以上の満足を得てもらうよう心がけましょう。そうすることで、リピーターになっていきます。

④再来顧客

あなたの商品・サービスを何度も買ってくださる顧客を指します。つまりリピーターですね。そしてリピーターからさらにファンになってくれて、最終的にはロイヤルカスタマー(自分の商品・サービスに対して、非常に忠誠心が高い顧客)になっていき、ロイヤルカスタマーが多ければ多いほど、強いブランドになっていきます。

ロイヤルカスタマーはあなたの商品・サービスの価値を感じてくれていて、忠誠心が高いので、他のライバルに浮気をすることはめったにありません。もちろんフォローを定期的にしていかないと浮気されてしまうので、定期的な良いコミュニケーションを取り続けることが大事になってきます。

そしてこのロイヤルカスタマーが、あなたの代わりとなって市場にあなたの商品・サービスを広めてくれるので、①潜在顧客が②見込顧客になっていく、さらに④再来顧客へとつながる循環となり、良いビジネスになっていくのです。

ちなみに①潜在顧客、②見込顧客をどう囲い込むかばかりを頑張っていて、③購入顧客、④再来顧客をおろそかにしてしまっている人や企業も多くいます。この状態を俗に自転車操業と言い、顧客が定着しないので新規顧客ばかりを追い求めて走り続けないといけないという、負のスパイラルに陥ってしまいます。もし、現在この状態だとしたら、非常に注意が必要で、戦略の見直しが急務です。

さて、このコンテンツマーケティングの中でも特にみなさんがつまずき苦しむのが、①潜在顧客から②見込顧客にしていく部分です。つまり集客の部分ですね。昔は新聞の折込チラシに広告を差し込めば、だいたい集客できるという良い時代（今から15年以上前）がありました。その頃からビジネスをされている方はわかると思うのですが、今はただ単に広告を出すだけでは、なかなか顧客は集まってきません。そこで普段から、①潜在顧客に対して自分のことを伝えるためにコンテンツを蓄積していくブログの存在が貴重となっているのです。

ブランディングは資産をためて価値を高めていく活動でもあります。ただただブログを書くということではなく、ブランディングブログとしてパーソナルアイデンティティを意識したコンテンツの制作とそのコンテンツを発信してくことで、あなたの商品・サービスの資産価値が高まり、良質な見込顧客が増えていくでしょう。

4 ブランディングにお勧めのブログサービスと使い方

ブランディングブログとして、どのようなブログサービスを活用していけば良いのか、より具体的な説明をしていきましょう。あなたの業種や状況、事業規模によってお勧めのサービスとブランディング手法が変わってきますので、3つに分けて説明します。

・地域ブログを利用する

あなたが首都圏ではなく、どこかの地方で地域密着型でビジネスをされているなら、この地域ブログが断然お勧めです。もともとその地域に住んでいる人たちが集まっているので、コンテンツの価値がより上がります。例えばあなたが地元の飲食店情報と、隣の他県の飲食店情報を見るのでは、地元の飲食店情報のほうに関心を寄せますよね。全国版のブログサービスを使うよりも、地元の人に反応されやすいので、エンゲージメントが高まります。エンゲージメントとは、あなたの商品・サービスに顧客が触れることにより「深まっていく絆」のことを指します。お互い同郷同士ということを知るだけで親近感がわくように、その地域のブログサービスを使って発信することで、その地域の顧客には共感が生まれやすくなり、パーソナルブランディングに良い影響を及ぼします。

本書執筆中現在で、45の地域ブログサービスがあります。あなたの地域にこのブログサービスがあれば、ぜひ活用してみてください。地域ブログがある地域名は左の通りです。

札幌、岩手、大船渡、仙台宮城、山形、福島、相双、つくば、群馬、千葉幕張、東京多摩、横浜、相模原、新潟、石川、山梨、長野、岐阜、飛騨高山、静岡、静岡県東部・伊豆、浜松、豊田、豊橋、三重、滋賀、京都、大阪北摂、大阪、神戸、兵庫播磨、和歌山、山口、香川、福岡、佐賀、長崎、壱岐、大分、熊本、天草、宮崎、鹿児島、奄美群島、沖縄

・はてなブログを利用する

全国版のブログサービスとしては、はてなブログがお勧めです。ブログサービスの中で、シェアナンバーワンのアメーバブログや、LINE BLOGとの大きな違いが2つあります。1つ目は、独自ドメインを利用できる点です。例えばアメーバブログのURLはhttp://ameblo.jp/xxxxxx/（←ここにあなたのブログIDが入る）のようになります。この場合、独自ドメインが利用できません。独自ドメインを利用するメリットは次項で詳しく説明しますが、自分特有のドメインを使ったほうが、パーソナルブランディングには有効です。ドメインはブランド要素の1つとして重要な役目を果たすため、あなた独自のドメインを使えるほ

うが良いのです。先述している地域ブログでも独自ドメインを活用することができます。

2つ目は、はてなブックマーク（通称：はてブ）されやすいという理由です。ソーシャルブックマークといって、インターネット上でできるブックマークを不特定多数の人と共有できるサービスがあるのですが、その中でも断トツ一番人気なのがこのはてなブックマークです。「はてブ」されるとSEO（検索エンジン最適化。検索時に、自サイトに多くのアクセスを集めるための取組み）に効果があったり、「はてブ」が多くなると人気エントリーとして「ホッテントリ」され（人気エントリーに表示されること）非常に多くの方に見られ、それがまた「はてブ」を生み、各種SNSでもシェアされ拡散されていくという、いわゆるバズりやすくなります。はてなブログとはてなブックマークは関連サービスということもあり、「はてブ」されやすいのです。

・WordPress（ワードプレス）を利用する

ワードプレスはオープンソース（プログラムをオープンに公開していること）のブログソフトウェアです。ブログとしてではなく、CMS（コンテンツマネジメントシステムといい、コンテンツを管理するためのしくみ）としても広く活用され、世界でナンバーワンのシェアを持っています。扱い方も非常に簡単で、かつ、オープンソースなので世界中のエンジニア達が開発した便利な点がプログラム（これをプラグインという）が多数用意されています。

プラグインが多いということは、それだけ何か自分でプログラムしなくてもおぎなえる機能が多いので、スタートとしては簡単&お手軽で、小規模の開発までできてしまうので、非常に人気なのです。ただ、それなりにウェブに強い人であればまったく問題なくお勧めなのですが、逆にウェブの知識があまりない人にはなかなか難関で、サーバーを用意したりそこにインストールして利用することになり、扱うのに苦労するでしょう。ただ、用意されている独自のブログサービスと違ってカスタマイズ性は比べ物になりません。つまりいろいろと自由に変えることができるので、大いに活躍してくれるでしょう。

さて、3つのブログサービスを紹介してきました。どれを選べば良いか迷われる方もいらっしゃると思いますので、選び方をまとめておきます。

あなたが地域密着型や店舗を構えてビジネスをされている場合は、地域ブログを活用しましょう。首都圏や店舗を構えず全国を対象にビジネスをされているのであれば、はてなブログがおすすめです。また、ウェブリテラシーがそれなりにあり、自己責任でカスタマイズしてみたいということであったり、お金に余裕があり業者に依頼できるという場合は、ワードプレスを活用すると良いでしょう。

ただ、どのブログサービスを選ぶとしても、一番大事なのはコンテンツです。パーソナルアイデンティティに沿ったコンテンツを創造し、あなたに合ったサービスを選びましょう。

5 独自ドメインでパーソナルブランドを浸透させる方法

ブランド論の第一人者、ケビン・レーン・ケラーも、著書の『戦略的ブランド・マネジメント』の中で、URL（ドメイン）がブランド要素として上げられています。皆が自分のウェブサイトを持つことが常識な現在において、ドメインはブランディングに欠かせない大きな要素ということがこのことからもわかります。また、ブランドを守る意味合いでも、ドメインの不正利用を防ぐことは大事なことです。

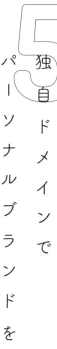

例えば、重機メーカーのキャタピラー（CATのシンボルマークで有名）は600のドメインを所有しており、同社の著作権を侵害したドメイン（CATなど）の登録企業に停止命令書を送り、最終的には約50ものドメインを取り戻したといわれています。また、他にもドメインで高額なものには数億円の値が付き、本書執筆現在、ドメイン売買最高額は24億円という事例もあります。24億円ですよ！　なんとも驚きの価格ですね。

このようにドメインはブランドを構成する大事な要素の1つなのですが、検索エンジンに対しても大事な役割を果たします。つまりSEOですね。Yahoo! やGoogleなどの検索エンジンで検索したときに、自分のサイトになるべく多くのアクセスを集めることにつながります。

前項で紹介してきたブログサービスは、全てこの独自ドメインの設定が可能です。例えば、あなたが地域密着型や店舗を構えてビジネスをされている場合は、地域ブログの活用をお勧めしましたが、一番お勧めなサイトの使い方はこのようになります。

まず、あなたが所有しているドメインが「sample.com」だとします。そして、あなたの商品・サービスを紹介するサイトをワードプレスで制作します。この場合、「http://sample.com」が公式なサイトのURLになります。そして、ブログは地域ブログを活用します。そのブログには「http://blog.sample.com」といったURLで活用していきます。ブログを更新すれば、地域ブログのポータルサイト上からのアクセスの流入も見込めますし、更新すればするほど、ドメイン「sample.com」の評価も上がります。

もしこれがアメーバブログを利用していたとしたら、いくら頑張って更新しても、ドメイン「sample.com」の評価にはつながりません。もちろん、ブログ自体からのアクセスは稼げますし、ブログ単体で見ればブランディングにつながる効果は得られますが、ブランディングとドメインの関係性からの視点と、SEOの視点の両方から見ても、独自ドメインが利用できるブログサービスが良いのです。せっかく頑張って更新するのであれば、効果が高いやり方で更新していったほうが、一石二鳥ですし、これを選ばない手はありません。

意味合いを知った上で活用したほうがいいので、ドメインの呼び名と意味合いについても説明しておきます。

・ルートドメイン

「root（根っこ）」という言葉が示すとおり、大もととなるドメインです。ここで説明してきたものでいうと「sample.com」がルートドメインに当たります。

・サブドメイン

ルートドメインにプラスして、さらに〝ラベル〟を付けたドメインです。ここで説明してきたものでいうと「blog.sample.com」がサブドメインにあたります。

・サブディレクトリ

ルートドメインの下に作るサブ的なディレクトリです。「sample.com/blog」という形になります。

パーソナルブランディングを行なう上では、ドメインに関して詳しくなる必要はありませんが、ある程度意味合いを理解した上で、あなたの業種やターゲット地域によってベストなブログサービスの選択と、ドメイン活用でパーソナルブランディングを進めましょう。

独自ドメインとサブドメイン

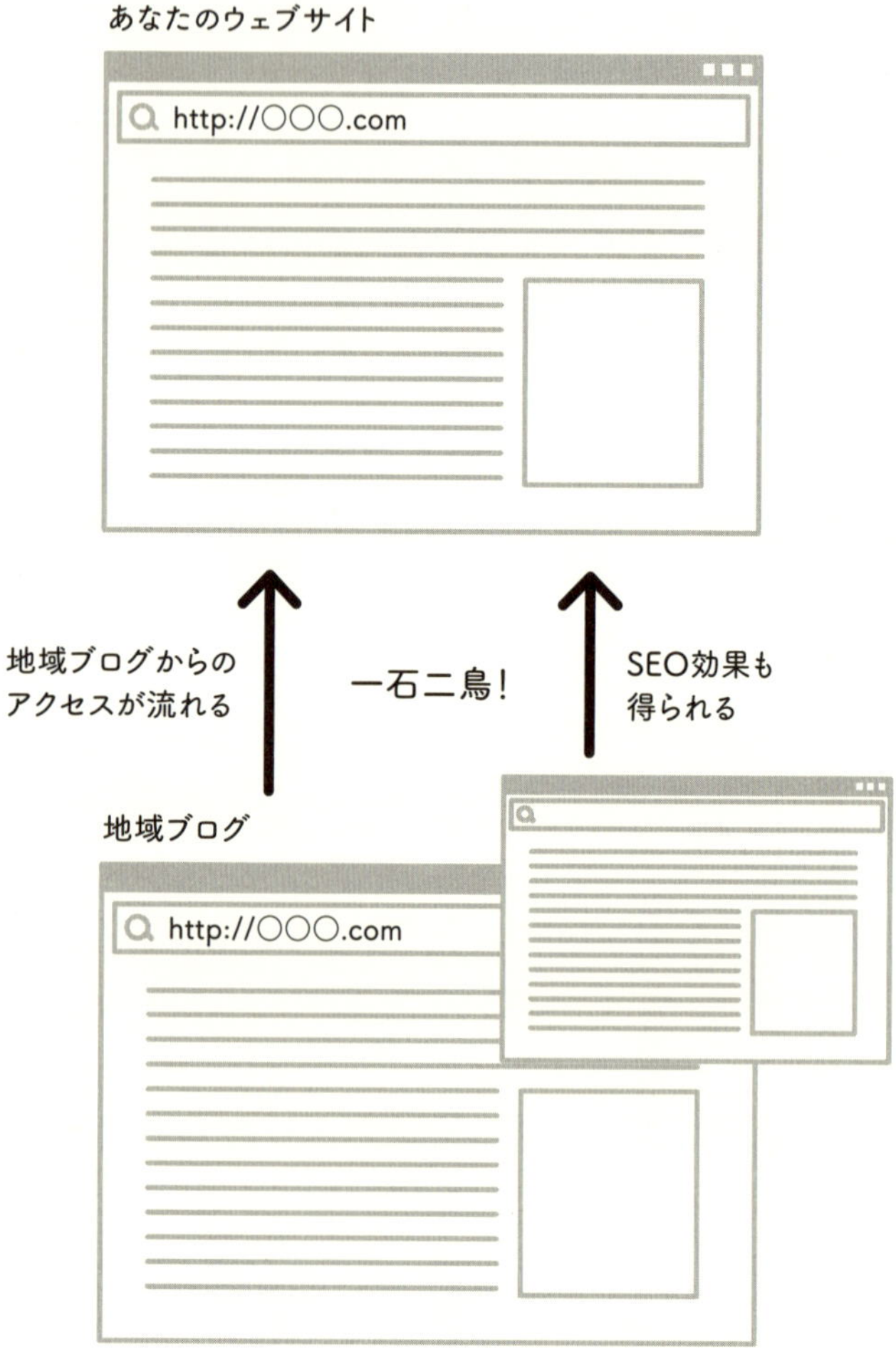

第9章

「さあ始めよう！ステップ7」SNSでパーソナルブランドを浸透させる

1 4大SNSでパーソナルブランディング

ここからは、「SNSでパーソナルブランドを浸透させる」をテーマに各SNSでどのようにパーソナルブランディングを行なっていけば良いのかを説明していきます。

まずはSNSの現状把握から。SNSの利用率は年々伸びており、もともと利用者は10代〜20代の若年層が多かったのが、今では40代〜50代まで幅広く活用されるようになってきています。株式会社ICT総研の調査によると、2018年末にはSNS利用者は7486万人に及ぶと見られ、ネットユーザーの74・7%に達すると予測されています。

総務省が毎年発表している情報通信白書によると、10代〜20代においては、メールや電話よりもLINE、Twitter などのSNSを使ったコミュニケーションのほうが多く、年齢が上になるにつれ、Facebook の利用率が上がってきており、LINEに至ってはどの年代においても幅広く使われているSNSとなっています。あなたのターゲットがどの年代だったとしても、SNSの活用は必須ということが、データ的にわかりますね。

では、SNSでただ発信していればブランディングにつながるかというと、そうではありません。パーソナルアイデンティティをもとに、あなたのブランドイメージが向上するような情報発信が必要です。また、ターゲットの特性に合わせて複数のSNSを使い分ける必要があります。SNSの種類によって特色が違いますから、すべてと連携し、同じ内容を投稿しているだけでは、パーソナルブランディングにつながりません。媒体によって発信する内容を分けることで、それぞれのターゲットにあなたのブランドが浸透されていきます。

また、SNSは企業ブランディングよりもパーソナルブランディングに向いています。そもそもSNSは個人同士のコミュニケーションに優れており、企業による情報発信だとすぐにセールス色を感じられてしまいがちなのですが、個人だとコミュニケーションをとりながらさり気なく告知ができたり、その活動や情報が知人友人に応援されやすく、シェアや「いいね！」につながるので、SNSはパーソナルブランディング向きなのです。

ここで1つ、SNS上の活動で気をつけたいことがあります。SNSであなたと交流のある人達も、あなたのブランドイメージに影響するという事実です。誰と付き合うのかで、あなたのイメージが変わります。SNSに限らずですが、日常的に付き合う人達を一度しっかり見直すことも必要でしょう。あなた自身のイメージは、あなただけから感じられるものではないということを念頭に置いておきましょう。

さて、パーソナルブランディングにはSNS活用が必須で、それぞれの媒体に合わせた発信が必要だということはおわかりいただけたかと思いますが、どれくらいの頻度で発信していけばよいのでしょうか？　あまり発信しすぎると、うっとおしがられるのではないかと心配している人が多いようです。ＳＮＳはコミュニティですから、たしかに「売り売り」な情報ばかりを発信していたら、敬遠されます。実際にリアルな楽しい飲み会の場で、自分の商品やサービスを積極的にセールスしてくる人がいたら嫌ですものね。そこで、セールスするのではなく、あなたの活動やパーソナルアイデンティティに沿った想いを発信していくのです。この内容であれば、多すぎるということはありません。むしろ多くていいのです。あなたの活動や想いが多く相手の目に触れることにより、市場にブランドイメージが浸透し、何かニーズが発生したときに「あ、あの人に頼みたいな」となるのです。

発信する内容だけではなく、画像や動画についても積極的に投稿していきましょう。文字よりも画像や動画のほうが伝わる情報量が多く、ブランディングしやすくなります。また、プロフィールの画像も、各種ＳＮＳで統一し、カバー画像も同様に統一させるといいでしょう。あらゆる場面でブランドイメージを統一させていくことで、「あなたっぽさ」が常に伝わり、強いパーソナルブランドにつながっていきます。

もちろん各ＳＮＳごとに特徴が違いますから、必ずしも全く同じ画像で同じ内容で、というわけではありません。統一させるところは統一させ、あとはＳＮＳの特徴に合わせてパーソナルブランディングしていきましょう。

2 パーソナルブランディングのためのFacebook攻略法

Facebookはその名の通り、フェイス＝顔を出した実名アカウントで運用するのが基本であり、また「いいね！」や「シェア」といった「共感」でつながることに重きをおいたSNSですから、各種SNSの中でもパーソナルブランディングに非常に適した媒体と言えます。

商品・サービスを提供する側においては、個人のアカウントの他に、Facebookページを持つことができ、Facebookページに「いいね！」してくれている人やその友人のニュースフィードに、作成したイベントの情報や最新情報を公開できるなど、さまざまな情報発信ができるのも魅力的です。以下、パーソナルブランディングのためのFacebook攻略法をまとめます。

・秘密のグループに招待し、ブランド価値を引き上げる

Facebookのグループ機能で、非公開で限定した人だけを招待できます。ある特定の人だけに、特別なサービスやコンテンツを配信しましょう。そこに招待された人は、特別感を感じ、ロイヤルカスタマーとしてあなたのブランドにさらなる愛着心を持つでしょう。

・名刺交換からパーソナルブランディングに繋げる

BtoCビジネスはもちろん、BtoBビジネスでもFacebookは効果的に使えます。例えば名刺交換したらすかさず「Facebookでメッセージを送っていいですか？」と確認し、その場ですぐに友達申請しましょう。名刺交換だけではなく、Facebookでもつながることにより、相手はあなたの活動や発信を注目して見れくれやすくなります。

・プロフィールでパーソナルブランディング

Facebookでもプロフィール写真は大事です。ひと目で何をしている人か、あなたがどんな人っぽいかが伝わるプロフィール写真を使いましょう。プロフィール欄の掲載文字数は少ないので、ブログやウェブサイトに飛ばしてストーリーテリングの手法を使って作成したプロフィールであなたのパーソナルブランドを伝えましょう。

・積極的に「いいね！」やシェアをし、専門家としてのブランドイメージを認知してもらう

パーソナルアイデンティティに沿って普段の活動や想いを発信していけば、それだけであなたの専門家としてのブランドイメージは高まっていきます。発信だけではなく、あなたのビジネスに関連した最新情報を常にシェアしていると、その業界の第一人者として見られるでしょう。また、他の人があなたの業界の情報をアップしている投稿には、「いいね！」やシェ

アも積極的にしていきましょう。

・Facebook広告で最適なターゲットに最適な情報を届ける

Facebook広告では、かなり詳細な属性まで絞り込んだ広告配信が可能です。年齢や地域に限らず、趣味までも絞り込むことができます。よって、無駄な広告費をかけることなく、ターゲットに訴求できます。必要のない人への広告はマイナス効果ですが、属性を細かく分けることにより、これも防げます。

・広告の画像に顔写真を入れる

広告を配信する際には、広告画像に顔写真を入れ込むことで、反応が高まります。広告と思われないようにするために、他のフィードと馴染ませるのがコツなのです。つまり、他の人のプロフィール写真と投稿が並んでいる場所に広告を出すので、顔写真を使ったほうがクリックされやすく、受け入れられやすいのです。

・広告配信は、外部ページに飛ばさない

どこか外部のページに飛ばす広告よりも、Facebookページに誘導したほうが、「いいね！」やシェアされやすく、エンゲージメント（あなたへの愛着心）が高まります。

・インサイトでブランド指標を改善する

投稿した内容により、「いいね！」やシェアの数字が変わります。Facebookページ上部のインサイトを常に確認し、改善してブランドイメージを向上させましょう。

・エッジランクを上げて、ブランド価値も上げる

Facebookでは、必ずしも最新の投稿が表示されるわけではなく、ユーザーの関心が高そうな投稿が表示されます。これをエッジランクといい、親密度、重み、経過時間、ネガティブフィードバックで決められ、ブランディングに大きく影響します。特にネガティブフィードバック（非表示やスパム報告など）をされないためにもセールスは控え、親密度や重み（いいね！、シェア、コメントの数）を大事にした内容にしていきましょう。

・セールスするときは、限定感を出し、ブランドイメージを守る

もしセールスしたい場合には、Facebook限定や、ファン限定といった企画にし、Facebookであなたとつながっていて良かった感を出しましょう。顧客がただの安売りではないと感じ、特別感を感じることで、ブランドロイヤリティがさらに高まります。

・Facebook限定クーポンを使う

セールスにつなげるテクニックとして、クーポンを上手に使いましょう。割引率を高くすると、それだけ多くの人にリーチできます。ブランドイメージを損なわずに、Facebook限定、ファン限定をうたい、セールスにつなげていきましょう。

3 パーソナルブランディングのためのInstagram攻略法

オシャレな画像や動画配信への反応が高いInstagramは、女性の利用者が多く、比較的若者層への人気が高いのが特徴です。FacebookがInstagramを買収した関係で、相互の連携や顧客属性を細かく設定できるところなどが良いところです。パーソナルブランディングのためのInstagram攻略法をまとめます。

・ハッシュタグが他のSNSより効果的

Instagramには最大30個のハッシュタグをつけることができます。他のSNS、例えばFacebookではあまりハッシュタグは使われませんが、Instagramでは非常に多くハッシュタグが使われます。ハッシュタグを活かしてあなたのブランド認知度を高めましょう。

・「いいね！」とコメント返しで顧客満足度アップ

Instagramにはシェアがない分、「いいね！」やコメント返しが比較的盛んです。SNS上ではコミュニケーションを適切にとることがブランディングにつながります。特にパーソナルブランディングに影響しやすい部分なので、適切に「いいね！」やコメント対応してください。

・Instagram 3つの広告で、ブランド認知を上げる

Instagram広告はユーザーのフィードに表示されるため、広告と思われない利点があります。広告掲載は、画像広告、動画広告、カルーセル広告の3種類があり、一体感を持った配信を行うことで、効果的なパーソナルブランディングにつながります。また、Facebook資本なので、属性が細かく設定できます。広告出稿はFacebookページを経由して出稿でき、Facebookで掲載した広告をさらに改善し、より効果を高めましょう。

・写真と動画のクオリティでブランドイメージが決まる

Instagramと言えば、美しい写真と動画です。写真映えする商品・サービスであることはもちろんのこと、本来の商材よりも美しくする技術が必要となります。多種多様な画像アプリを試し、あなたらしい画像と動画を作成してください。ちなみに僕が使っているアプリはAdobe Photoshop Expressです。さすがはアドビのサービス、無料でここまで使えるアプリはそうはありません。

・テーマ性を出して、よりブランドイメージを強調する

あなたがタレントでなければ、テーマ性を持たない日常の記録をアップするのはやめま

しょう。ブランドは一貫しているのが良いように、Instagramのテーマも一貫していることでブランディングに繋がります。

・BtoBビジネスでも工夫次第でパーソナルブランディングできる

例えば、僕のInstagramアカウントは、BtoBビジネスを展開しているにもかかわらず、フォロワーが1万人を超えています。ただの日常を発信しているのではなく、社長が日々食べる肉をテーマにしているため、インパクトが強く人気があります。また、ブランド要素としてエイトマンをキャラクターに用いて、「エイトマン＝8＝ウェブエイト」というブランド連想で、ブランドの認知を上げています。

・他のSNSよりも企業ブランドが受け入れられやすい

Instagramの場合、日常とは違ったオシャレ感が求められています。非日常的なはっとするような画像や動画を発信していくことにより、顧客にあなたのブランドを受け入れてもらいやすい特徴があります。

・他のSNSやブログでの露出を増やす

Instagramにはシェアがない分、ある一定のブランド認知になるまでは､労力がかかります。他のSNSやブログなどで積極的にInstagramを紹介し、フォロワーを増やしてください。

・有名人が使う、利用者が少ないハッシュタグを狙う人気のハッシュタグであればあるほど、他に埋もれてしまい目に留まる機会が少なくなります。そこで有名人が使う、ちょっと特殊なハッシュタグであれば、見る人は多いし、他に埋もれてしまわない、といった利点があります。

・ビジネスアカウントに切り替えパーソナルブランディングの指標を見る

ビジネスアカウントに切り替えることで、Instagram インサイトが見れるようになります。「いいね！」やフォロワー数、エンゲージメントであなたのブランドの指標を見て、改善を重ねて強いブランドにしていきましょう。

・こちらからどんどん「いいね！」していく

シェアがない分、「いいね！」が特に有効です。積極的にこちらから「いいね！」をすることで、フォロワーや「いいね！」が順調に伸びていきます。「いいね！」をすればするほどフォロワーは無限に増えていきます。

・「いいね！」を自動的に増やしてブランド認知のスピードを高める

テーマに沿って「いいね！」をすればするほどフォロワーが増えていきますが、さすがに1日何時間も「いいね！」をする時間はとれません。そこで自動で「いいね！」をしてくれるサービスがあります。いくつかある中で、もっともお勧めなのは #Likes（ハッシュライクス）です。僕も使っていますが、時間のない方は一度お試しください。

4 パーソナルブランディングのためのTwitter攻略法

Twitterの特徴は、拡散性と即時性の高さが上げられます。日本では140文字という制限があるので、気軽に投稿したり、リツイートしたりできます。匿名性が高く、その分批判的な投稿や炎上しやすいのもTwitterです。これらの特徴を踏まえ、慎重に活用していきましょう。パーソナルブランディングのためのTwitter攻略法をまとめます。

・ライブ感を大事に、感情豊かにパーソナルブランドを浸透させる

140文字制限で、「つぶやく」のがTwitterですから、スピード重視のライブ感が大事です。常に新情報を、感情豊かに発信することで、あなたのパーソナルブランドの価値は向上していきます。

・匿名性の高さを活かし、ブランド要素としてキャラクターを採用するのもあり

ブランド要素として、キャラ立てするのに役立つのがキャラクターです。大手の例だとローソン公式Twitterの「ローソンクルー♪あきこ」が、愛されるキャラクターとして成功しています。業種やタイプ的に、あなた自身が親しみやすさを出すことが難しければ、キャラクターを使って展開していくと良いでしょう。

・アクティブサポートで顧客満足度アップ

もしあなたのことや、あなたの商品・サービスのことをツイートしている人がいたら、直接アプローチしましょう。これをアクティブサポートといいます。クレームだったとしても、誠心誠意対応することで、ブランドのマイナスイメージを防ぐことができます。素早い対応で、クレームも顧客満足に変えてしまいましょう。

・Twitterアナリティクスでエンゲージメントを高めるブランディング

Twitterアナリティクスで、反響の大きな投稿を知ることができます。パーソナルブランディングにつながる反響の大きなコンテンツ配信をしていきましょう。

・使っているハッシュタグがかぶる人を積極的にフォローや「いいね！」をしていく

フォロワーを増やすには、こちらから積極的にコミュニケーションをとっていくことが最短です。「いいね！」やシェアをされたら嫌な気持ちの人はいませんよね。中には「いいね！」やフォローを返してくれる人もいるので、自ら動くことにより自然とフォロワーが増えていきます。

・画像・動画付きのほうが反応されやすい

例えば、2016年もっともリツイートされた日本のツイートTOP15を見ていると、いかに動画や画像付きのツイートのほうが反応が良いのかがわかります。面白おかしくするのではなく、ブランドが伝わりやすい画像・動画を発信することを心がけましょう。

・インフルエンサーとつながりコミュニケーションをとる

インフルエンサーは影響力の大きなアカウントを指します。どんなに有名なアカウントでも、「いいね！」したりシェアしたりしてつながることができます。同業種のインフルエンサーには積極的にコミュニケーションをとっていきましょう。

・積極的なリツイートでパーソナルブランディング

自分で発信するのが大変という方は、誰かのツイートや業界の最新情報をひたすらリツイートする戦略もありです。LINE株式会社の上級執行役員である田端信太郎さんは、ひんぱんなリツイートで彼自身のパーソナルブランディングにつなげています。

・画像サイズはパソコン用に合わせる

パソコン用、スマートフォン用に画像サイズを変えて用意するのは大変です。スマートフォンでパソコン用の画像を見ると、両端を多少切り取られた程度ですみます。そこで、基本的にはパソコン用のサイズで、縦横比1：2、縦253ピクセル×横506ピクセル以上の画像を用意すると良いでしょう。

・フォローは少なく、フォロワーが多いとブランド力アップ

フォローの人数とフォロワーの人数に開きがあればあるほど、そのTwitterアカウントへのブランドイメージは良くなります。無理にフォロー人数を削ることはないですが、フォロワー人数よりもフォロー人数のほうが倍以上多いという状況は避けましょう。

・フォローチェック for Twitterで気持ちのよいフォローを

フォローチェック for Twitterというアプリで、フォローしているけどフォローされてないユーザーなどを調べることができます。相手がフォローしているのに、あなたがフォローしてくれないと、相手から見たあなたのイメージはあまり良いものではありません。定期的にチェックして、失礼のないようにしましょう。

・Twitter広告でさりげなくアピールする

Twitter広告は、タイムラインに紛れて広告が出るため、広告と気づかれにくい利点があります。フォロワー増加やエンゲージメント増加など、ブランディングにつながる最適な広告配信が可能なので、効果的なパーソナルブランディング戦略が可能です。

5 パーソナルブランディングのためのLINE@攻略法

ビジネス用途で使うためのものがLINE@です。「メッセージ」はメルマガ代わり、「1：1トーク」ではメールで1人の相手とのやりとりができます。「タイムライン」は他のSNSと同様なタイムラインで、「アカウントページ」は自分のサイトを持つことができ、さらにオリジナルドメインを付けられるような「プレミアムID」があります。公式アカウントは月額250万円からとなかなか手を出しづらい金額ですが、LINE@は月額無料〜2万1600円で利用可能です。パーソナルブランディングのためのLINE@攻略法をまとめます。

・素早いアクティブサポートで顧客満足度アップ

LINEと言えば、やはり「既読」が特徴の文化です。素早い対応をすることで、ブランドイメージが向上します。顧客もスピード対応してくれるという特別感を味わうことができれば、ロイヤルカスタマーへと良い関係性を築くことができます。

・ショップカード活用でロイヤルカスタマーへ

ＬＩＮＥ@にはポイントカードに該当する「ショップカード」があります。このショップカードがあれば、わざわざポイントカードを持参しなくてすみます。僕の場合、財布の中にたくさんカードがあると嫌なので、「ポイントカードいかがですか?」と勧められても断ってしまいます。スマホはほとんどの人が持っていますから、便利に利用できるショップカードで再来店を促し、何度も接触することによってロイヤルカスタマーへと導きましょう。

・認証済みアカウントでブランド力を上げる

一般アカウントとは別に、もっと機能が充実した認証済みアカウントがあります。認証済みアカウントの取得には審査が必要なのですが、その分信頼度も上がります。ＬＩＮＥ@内での検索ができるようになり、さらにはGoogleなどの検査エンジンにもあなたのＬＩＮＥ@ページが表示されるようになります。

・抽選ページ、ＰＲページ、リサーチページで共感を生み出しブランド力アップ

認証済みアカウントではさらに抽選イベントが作成できる抽選ページ、チラシのようにアプローチできるＰＲページ、顧客にアンケートできるリサーチページなどが使えるようになります。認証済みアカウントならではの機能なので、ライバルとの差別化を図り、顧客とのつながりを強化することで強靭なブランドにしていきましょう。

・無料相談で近づきやすい雰囲気を演出

LINEですから、直接会わなくても写真などで症状や状況を伝えることができます。まずはLINEでの無料相談や無料体験を実施し、顧客の心理的なハードルを下げてあげましょう。また、もし契約や購入にまでいたらなくても、メッセージやタイムラインなどで連絡ができ、その後もつながっておくことができます。

・購入顧客を再来顧客からロイヤルカスタマーへ

対面から実際に購入や契約に至ったら、定期的なコミュニケーションをとっていきましょう。LINE@には1：1トークがありますので、顧客と1対1のていねいなやりとりができます。対面での接客もそうですし、離れている時も積極的にコミュニケーションをとっていくことで、一般的な顧客もあなたのことが大好きなロイヤルカスタマーへとステップアップしてきます。

・友達限定でブランド価値を引き上げる

友達。いい響きですよね。顧客との関係も、友人のような関係になることで、あなたのブランドが大好きな大事な顧客になっていきます。LINE@で繋がっている顧客には、定期的に友達限定で何かしら日頃のお礼や感謝の気持ちを提供していきましょう。一度信頼が高まったブランドからは、人は離れないものです。

・参加型クーポンで共感を図る

共感を得られればブランドロイヤリティは上がっていきます。クーポンも工夫すると共感が得られるように。例えばドレスコードを用いて、特定の色を付けてきたら割引にしてみるクーポンや、サイコロをふって出た目に合わせて割引率を決めてみたり。顧客から共感を得られるような参加型クーポン企画でブランドロイヤリティを上げましょう。

・友達を増やすのはとにかくお声がけ

友達を増やすのは、一回目の接触時のお声掛けがポイントです。1年で1万人、2年で2万人超えのお友達を集めたフォトスタジオシャレニーでは、待受画面の画像をプレゼントする代わりにＬＩＮＥ＠への登録をお声がけしています。これだけで何万人の顧客に直接メッセージが送れるメディアができるのですから、接触時にさらにあなたのブランドを好きになってもらえるようなプレゼントや企画を用意しましょう。

・忘れないようにリマインダーとして連絡することで信頼度アップ

メッセージの送りすぎは逆効果ですが、忘れないようにリマインダーとして顧客と接点を持つことは有効的です。「忘れてた、助かった、ありがとう」と思ってもらえるようなコミュニケーションをとっていきましょう。

第10章

「さあ始めよう！ステップ8」パーソナルブランドをさらに飛躍させる

1 あなただけのクラウド秘書を雇う

パーソナルブランディングを飛躍させていくためには、時には強力な助っ人が必要になります。あなたのパーソナルブランドへの忠誠心が高く、あなたの代わりにマーケットをリサーチしてくれて、かつ、まとめてくれる人。そう、まさしくあなたの秘書が必要になってきます。ずっとそばにいてサポートしてくれる秘書もいいですが、あなたが必要に感じた時に必要なだけ依頼ができる、秘書代行サービスのオンライン秘書Kaori-san（以下、かおりさん）が便利です。かおりさんの良いところや活用事例をまとめて紹介します。

・月4980円から秘書が雇える。ひと月だけでも頼める

まずは料金プランです。

部長プラン　依頼可能件数6件　月4980円
社長プラン　依頼可能件数15件　月8980円
会長プラン　依頼可能件数25件　月1万4980円

と役職（自分で勝手に選べる役職です。笑）によって依頼できる件数が異なり、料金も依頼可能件数によって変わってきます。試しに部長プランで依頼して、すぐにその月で依頼をやめることも可能です。

・頼んで便利だったこと

ちょっと調べてまとめるのが面倒と感じたら、そのまま投げてしまえば優秀なかおりさんがリサーチしてまとめてくれます。忙しい僕のために、ときにはエクセルファイルでまとめてくれたりなんかします。ではどんなことを頼めるのか？　というのが気になるところだと思いますが、いろんな依頼をした中で便利だったものを紹介します。

・ハーレーダビッドソン、ミニクーパーの売買

「ハーレーダビッドソン、ミニクーパーの中古車の売買をしたいと思っています。必要な資格や条件などを調べてください」質問内容はこれだけ。

この質問だけで、古物商営業許可のための手続きのまとめから、必要な書類、費用、取得にかかる期間などを1000文字を超える文章でまとめてくれています。そして、見やすい！箇条書きを上手に使い、補足説明もあり非常にわかりやすいと感じました。

・良い物件の見分け方

「テナントがいくつか入ったビルを購入し、1部屋を会社の事務所にし、他にも貸して家賃収入を得ようと思っています。良い物件の見分け方などあるのでしょうか？」質問内容はこれだけ。

『収益物件は、毎月の家賃収入から収益を得ることが目的ですから、空室になりにくい物件を選ぶことが大切です。また、どのくらいの収益が上げられるかも重視されるポイントと言えます』といった概要のまとめから始まり、段落を（1）や①②③と見やすく分けてくれて、これまた大満足です。リサーチ能力とまとめ能力、そして報告時のロジカルな伝え方は、非常にレベルが高いものでした。

・LINE@の無料版と有料版の違い

「LINE@の無料版と有料版の違いを体系的にまとめてもらえますか？」質問内容はこれだけ。

この質問に対しかおりさんは、「体系的」という言葉を使ったからか、エクセルを使って表でまとめて返信してくれました。実はこの内容はセミナーの資料で使いたかったので、そのままエクセルをキーノートに移し直して終了。本書執筆中もかおりさんには大活躍してもらっています。

・競合調査にも使える

競合調査をしたい場合、こちら側で調査項目などを選んで依頼すると、競合を調査してエクセルにまとめてくれます。ライバルをいくつかピックアップして、調査してもらいたい項目を記載し、実際に電話してもらって受けた印象やメールでのやりとりなどもまとめてくれます。りっぱなマーケティングリサーチですね。これらのリサーチをもとに、あなた独自のパーソナルブランディングを行なっていけば、必ず市場に必要とされる強靭なブランドになっていくことでしょう。

・ブログが書けない忙しい人にも便利

もうお気づきかと思いますが、ブログ更新にも使い方によってかおりさんを便利に活用できます。僕もかおりさんを活用してブログアップしていることもあります。例えばこれです。

「オシャレな新しいMacBook用ケースまとめ」(http://blog.web8.co.jp/e1768876.html)

まとめ方を指示すればかおりさんはそのようにまとめてくれます。ですので、ブログでどのように書くかを想定しながら、こちらから参考例としてまとめ方を指示するといいでしょう。これでブログ更新のスピードアップが図れますね。

これからのブランディングではデジタル活用が必須になってきます。人間にしかできないブランディングと、デジタルで用意にできる部分をしっかりと判別し、自分で使い分けていくことも、りっぱなパーソナルブランディングです。使える部分はデジタルを最大活用し、あなたにしかできない独自の強みには特に時間を使って、さらに強靭なパーソナルブランドを築き上げていきましょう。

2 新聞・テレビに掲載され
ブランド認知を高める方法

パーソナルブランディングを行なっていく上で、あなたのブランドがどれだけ世間一般から認められているのか、必要とされているのかを計るために重要な指標となるのが、メディアに掲載されることです。現在はマスコミ4媒体（テレビ、新聞、雑誌、ラジオ）の他に、ウェブメディアも多くなってきました。また個人が発信するオウンドメディア自体にものすごい数のファンや閲覧者が付いている場合もあり、さまざまなメディアに取り上げられる可能性が高まってきています。

幸いにも僕も多くのメディアに出させていただいているのですが、これは取材を待っていたのではなく、意図的にこちらから連絡をして取材に来てもらっています。これを可能にするのがプレスリリースです。基本的に多くの人がメディアから情報を得ていますから、知ってもらえる機会としては抜群の効果があります。

例えば、新聞の1面に広告を出すとしたらいくらくらいかかるでしょうか？　地方紙でも数十万から数百万、全国紙であれば数千万円、下手すると億を超えることもあるでしょう。さらに広告だと思った瞬間に人は見ないという心理的なデータがありますから、広告ではなく、市場が普通に読んで受け止めてくれる記事として掲載されることで、より効果が高まるわけです。メディアに取材にしてもらうためのプレスリリースのコツをまとめます。

・タイトルとリードで勝負

メディアの担当者は毎日相当数のプレスリリースを見ています。たまに手の込んだ非常に長い企画書のようなプレスリリースを送る人がいますが、これは逆効果です。シンプルにA4用紙1枚か2枚に収まるように要点をまとめて送るのがコツです。ということは、見出しとなるタイトルと、その後のリード文が非常に重要になってきます。

・数字や要点をわかりやすく

「初めて」とか、「何回目」とか、「何万人」とか、数字でわかりやすくすると惹きつけられやすい傾向があります。そして、結論から伝えて、遠回しな表現は避けましょう。一瞬で興味が惹かれないと、メディアは取材にきてくれません。

・内容をまとめてわかりやすくする

プレスリリースの内容が良くまとまっていると、取材に来たときに記者の理解度が高まり、良い取材につながります。良い取材につながると、記者も良い記事が書きやすくなります。それはすなわち良いブランディングにつながり、あなたの意図した内容で掲載される率が高まります。専門用語は少なくし、5W1Hに沿って、「いつ（When）、どこで（Where）、だれが（Who）、なにを（What）、なぜ（Why）、どのように（How）」を簡潔にまとめましょう。

・遅くとも2ヶ月前にプレスリリース

プレスリリースの配信タイミングですが、それを告知したい時期の直前では遅いのです。例えば月刊雑誌だと企画、取材、編集、構成、発売といったスケジュールで進みますので、遅くとも2ヶ月前の企画段階で知られていないと取材されません。ニュースとして時事ネタをプレスリリースするのであれば問題ありませんが、イベントや企画ごとなどは早めに準備段階からプレスリリースするようにしましょう。

・記者とつながっておく

これがプレスリリースされる一番の極意です。記者は常にネタを探しています。FAXなどでのプレスリリースではなく、記者とつながり仲良くなり、直接連絡したほうが記者は喜びます。また、デスクや編集長といった人たちと定期的に懇親を深め、今どんな情報を探しているかなどが話題になるようにコミュニケーションをとれるようになれば、あなたのパーソナルブランディングは成功間違いありません。

僕が実際にプレスリリースして取材していただいたサンプルを用意してありますので、プレスリリース時に参考にしてみてください。目次最後のQRコード、URLからダウンロードできます。

3 ファンが増えるオンラインサロンの開設運用方法

あなたのブランドをさらに飛躍させ、顧客とのつながりをより強化していくためには、会員制のコミュニティがお勧めです。定期会員が増え、ロイヤルカスタマーが増えていくことで、経営が安定します。経営が安定すれば、さらなるブランディングを行ないやすくなります。利益を得るということは、顧客から価値を預かっているということ。価値を預かり、さらに魅力的な付加価値を加えブランドを成長させ、その価値を顧客に還元していきましょう。

最近では、オンラインでサロンをサポートしてくれるサービスがあります。

Synapseは、2012年からサービスを開始している、オンラインサロン運営の先駆けです。僕もこのSynapseで『ブラ部』という、ブランディング力を会員みんなで上げていこうという主旨のサロンを運営しています。入会の手続きや、決済の手続きを代行してくれますし、サロンを立ち上げる時も、メインビジュアルを作成してくれたり、わからない部分もしっかりサポートしてくれるので、非常に便利です。会員管理が大変そうということで二の足を踏んでいるのであれば、まずこういったオンラインサロンのプラットフォームを活用すると良いでしょう。

他にもDMMオンラインサロンがあります。2016年から始動しています。Synapse同様、入会手続きや決済代行など、サポートがしっかりとしていて、オンラインサロンを立ち上げやすいプラットホームです（2017年2月にSynapseはDMMオンラインサロンに統合されました）。オンラインサロン運営のコツをまとめます。

・パートナーを探してみる

1人で開始するのが心細ければ、一緒に立ち上げるパートナーを探してみましょう。最初の会員獲得は非常に大事ですし、逆に、だからこそ大変です。まだブランドとして信頼を得られていないのであればなおさらです。あなたの周りの信頼を得ている人を集めることはできると思うので、同じビジョンを持つパートナーを集め、お互いにその信頼関係を利用し合うことで、双方メリットを得ることができます。自分1人で時間をかけるよりも、価値交換できるパートナーを探してスピード感を持ってロイヤルカスタマーを増やしていきましょう。

・権威ある人や、専門家、モチベーションの高い活動的な人を招き入れる

権威ある人や、専門家、モチベーションの高い活動的な人に会員になってもらいましょう。無料でもいいですし、場合によってはお金を払ってでも会員になってもらえばブランド力が高まり、活発なオンラインサロン運営につながります。

・従来の顧客をオンライン化

長い年月をかけて築きあげてきている事業ほど、すでに会員組織ができ上がっているものです。日本人には、特にお客様を大事にするという文化が根付いていますから、至極当然のことですね。大事なのは、「さらに最高のサービスを提供できないか」という視点です。

・コンサルタントのオンラインサロン

あなたがコンサルタントだとしたら、オンラインサロンはよりお勧めです。顧客は特別感を望んでいます。小さなコミュニティは作りやすく、さらに信頼を深めやすいというメリットがあります。顧客とより深い関係になれないか、再考してみてください。

サロンを開設するには何かしらのハードルがあると思いますが、大事なのは自問をし続け、自らのブランドの成長のために、革新を重ね続けることです。冒頭に述べたように、定期会員化することで経営は安定し、永続的なブランディング活動がやりやすくなりますのでぜひあなたもオンラインサロン運営に取り組んでみてください。

より詳しい、オンラインサロンの解説方法や、ブランディング自体をもっと勉強してレベルアップを図りたい方は、手前味噌になりますが、僕とパートナーの平手さんが運営している「ブラ部」をチェックしてみてください。月額1000円で入会しやすいと思います。

著者が運営するオンラインサロン「ブラ部」

https://synapse.am/contents/monthly/brandingbu

オンラインサロンサービスは、
入会の手続きや、決済の手続き、会員管理などを
代行してくれるので、
本来のサロン運営に力を注ぎ込めます。

4 社用車もTVCMも無料、ブランド資産を活かすバーター手法

最後にとっておきの手法を紹介します。僕は、バーターという手法を取り入れ、いろんなものをブランドとして価値交換しています。バーターとはつまり、物々交換のことですね。こんな商品・サービスをバーターで無料で利用しています。

- 社用車（6ヶ月ごと車種変更可）
- 「情熱大陸」直前15秒テレビCM（毎週）
- 民放FMラジオ番組（毎週）
- 民放AMラジオ番組（隔週）
- 全社員の英会話スクール（毎週）
- 全保育園、小学校に配られる子育て情報誌1P広告枠（毎月）
- おしゃれオフィスにするための無垢材
- バスケットボールチームのスポンサー

このようなバーターは、あなたでもできることです。あなたが今までやってきたことすべてが資産であり、その資産の集合体があなたのブランドです。ブランドとしての全ての資産を一度洗い出してみてください。あなたの行なっていることやあなたの経験には、お金で表わせない価値があります。そんな価値をお金でのやりとりではなく、相手と直接交換するのがバーターです。

バーターの良いところは、お互いに値引きする必要がないということです。もちろん価値が釣り合っていないとバーターとして成り立ちませんが、お互いの資産が必要な場合には、強力なビジネス展開が可能になります。

僕もウェブ会社の社長として、ラジオ番組（それもコミュニティラジオではなく、れっきとした民放のラジオ番組）を自ら持ったり、テレビへのＣＭ（それも「情熱大陸」が始まる直前15秒の良い枠）などを配信できるとは思っていませんでした。計算したら、毎年２０００万円以上のバーター契約をしています。つまりは目に見えない売上が２０００万円以上になるということです。

さて、それではどのようにバーターを進めれば良いのか、ステップとコツをまとめます。

・まず自分の強みを振り返り、資産を洗い出す

第３章４項で出した「自分強み出しシート」を確認し、さらに他にも自分が提供できるものはないか考えてみてください。例えば、あなたの顧客リストもりっぱな資産です。Amazonも配送物に他社の広告チラシを入れています。Amazonはバーターではなく有料ですが、同様に考えるとあなたが顧客に送る封筒の中にチラシを入れても良いのです。他にも、事務所で空いているスペースがあれば、りっぱなレンタルスペースと同様の価値があります。さあ、持て余しているブランド資産をたくさん出してみましょう。

・バーターの提案書を作成する

自分が提供できる資産リストを出せたなら、今度は提案書として正式に相手に申し込みましょう。ここで気をつけていただきたいのが適当に進めないようにすること。お金が発生しないからといって適当にしてしまうと、築き上げてきたあなたのブランドに傷がついてしまいます。相手に失礼のないように、相手が望む形で提案しましょう。うまくいくバーターのコツは2つです。1つ目は、相手のほうが得になるくらい、こちらからバーター資産を提供すること。2つ目は、基本的にはあなたが動く必要がなく、経費がかからないものを提供することです。せっかくのバーターですから、できるだけ無形資産で、自分が欲しいと思う商品・サービスと交換してみてください。

・バーターの契約書を作成する

お互いにブランドを傷つけないためにも、契約書をしっかりと交わすことをおすすめします。しっかりした相手や企業であればあるほど、契約には敏感ですし、あなたもバーター契約を結びたいでしょう。魅力的な商品・サービスをバーターで手に入れることができれば、さらにあなたのブランドエクイティは高まります。それだけ相手にも魅力的なブランドということですから。余計な心配を相手にかけさせないよう、あなたから契約書を用意しましょう。

さて、バーター提案書やバーター契約書が必要なことは重々伝わったかと思いますが、これらを作るのが大変ですよね。特に契約書は専門家ではない人が多いですから、簡単に作りましょうといって作れるものでもないと思います。そこで僕がいつも使っている提案書と契約書の雛形をお渡しします。提案書は、実際に社員全員が英会話スクールに毎週通えるようにバーター提案した時の内容です。解説付きでお渡しするので、あなたのビジネスに置き換えて使ってください。また、契約書も司法書士さんに依頼して作成していただいたものです。え、こんな程度?!　と思われるかもしれませんが、実際にこれで全てバーター契約しています。相手が大きな企業で、大きな資産とのバーターになるとこれではカバーしきれないかもしれませんが、たいていのバーター契約はこれで問題ありませんので、ご活用ください。目次最後のＱＲコード、ＵＲＬからダウンロードできます。バーターをうまく使って、あなたのブランドをさらに飛躍させましょう。

5 パーソナルブランディングを飛躍させるウェブ活用テクニック

さらにパーソナルブランディングを飛躍させるために、使えるウェブ活用テクニックをお伝えします。

・Googleアラートを使ってパーソナルブランディング

Googleアラートはウェブ上の面白い新着コンテンツをメールで知らせてくれる機能です。普段からGoogleのあらゆる機能にお世話になっている人は多いと思いますが、このアラート機能がパーソナルブランディングには非常に役立ちます。

例えば、あなたの専門分野のキーワードを設定しておけば、その専門分野に関する話題が出てくると、すぐにメールで知らせてくれます。業界の最新情報を把握しておくのはもちろんのこと、その情報に対しての解説をブログやSNS上で発信することで、業界の専門家として認識されます。そして二番手ではなく、常に一番手で業界情報を解説し発信することで、業界の中でも第一人者として認識されるようになります。

・NewsPicksを使ってパーソナルブランディング

NewsPicksは経済情報に特化したニュース共有サービスです。ですが単にニュースキュレーションサービスとしてももちろん役立つのですが、プロピッカーとして界隈の著名人、専門家達のコメントのほうが役立つのです。考え方、補足、間違った情報への訂正など、1つのニュースでいくつもの知見が得られます。さらには自分もピッカーとしてコメントできますし、その情報をSNSでも展開できます。良いコメントをすることで業界の専門家としてのパーソナルブランディングにつながりますし、お勧めピッカーに選ばれれば、業界の中でも情報通、専門家として認識されるようになります。例えば僕は、お知らせ機能で「ブランディング」「マーケティング」といったキーワードを設定しており、常にこれらキーワードの情報をチェックしながら、ピック（コメント）をしています。誰かがピックした中にこれらのキーワードが入っていたときもお知らせがくるので、各ピッカーの考えも見ることができ、より一層専門的な知識が深まり、パーソナルブランディングに拍車がかかります。

・YouTubeでブランディングムービーを展開

言わずもがな動画でのブランディングは強力です。YouTubeのクリエイターアカデミーではYouTubeで魅力的なブランドを築く方法を、実例を交えながら説明してくれています。

僕はいつもブランディングムービーとしてパンパースの「ママも1歳、おめでとう」を用いて説明しています。僕達は何かしらの商品・サービスを提供しながら、顧客の欲求、不安、ニーズを解決しているということを、このムービーを通して改めて気付かされます。パーソナルブランディングではなく企業としてのブランディングムービーですが、根本的な考え方は一緒ですので参考にして、あなたのブランドが伝わるムービーを作成してみてください。また、チャンネルを持ってあなたのブランドが好きなロイヤルカスタマーを集めてパーソナルブランディングにつなげていきましょう。

・Googleトレンドを使ってパーソナルブランディング

マーケティングリサーチを行なう上で、Googleトレンドは非常に助かるウェブサービスの1つです。ブランディングの場面では、信頼度アップのためにGoogleトレンドを使います。提案書やプレゼンの資料の中で、提案サービスの人気の理由を表わすのにGoogleトレンドのグラフを用いたり、競合との比較データとして用いたりすることで、信頼を獲得できます。グラフもすぐに埋め込めるし、CSVとしてデータをダウンロードしてカスタマイズもできるので重宝します。

・オーディオブックでパーソナルブランディング

成功者ほど本を読むと言われています。年間100冊の読書ができれば、成功に相当近づけるという話があります。僕も年間100冊を目標に読書しているのですが、車酔いするため、移動時に本を読むことが苦手です。そんな際に役立つのがオーディオブックです。スマートフォンに入れておくだけで、いつでも聞くことができます。僕が中でもお勧めしているのが、DirectBooksです。ダイレクト出版で月刊ビジネス選書を契約すると無料でついてくるアプリなのですが、読み上げ速度を調節でき、1倍速～4倍速で聞けるので、慣れてくると速くても頭に入ってきます。パーソナルブランディングは自身の知識、スキル、経験値がより重要になってきますので、インプットの手段として活用すると、よりあなたのパーソナルブランドに磨きがかかります。

・Canvaを使ってパーソナルブランディング

Canvaはブラウザー上やアプリ上から簡単にデザインできるサービスです。用途としては、プレゼンテーション用のスライドやSNS用のヘッダー画像、名刺、ポストカード、ポスター、賞状、商品ラベル、本など幅広く対応しています。扱い方も簡単で、日本語版もあり、操作に迷うことなく使えます。

ブログを更新する時や、SNSで画像を投稿するときや、LINE@でキャンペーン情報を送る際のバナー、プレゼン時のスライド、これらに使うちょっとしたアイコンからビジュアルバナーなど、全てがあなたのブランドイメージにかかわってきます。一貫してデザイン性の高いビジュアルでのパーソナルブランディングを、常に心がけていきましょう。

おわりに

パーソナルブランディングを進めてみて、今あなたはどんな気持ちでしょうか。きっと、これからの自分にワクワクし、満ち足りた気持ちでいっぱいなことでしょう。パーソナルブランディングを継続し、活動すればするほど成功に近づいていきますし、成長していく過程ですら幸せとやりがいを感じることができるようになります。

本書の「はじめに」では、人は覚えたものを1日経つと74%忘れてしまうという話を、エビングハウスの忘却曲線を引き合いに出しながら説明しました。つまりは、今非常に高いモチベーションだとしても、1日後にはほぼ今の状態を忘れてしまいます。自分のパーソナルブランドを毎日意識し、継続して活動していかない限り、完全には自分のものにはならず、成功を手に入れることができないのです。

成功するために、まずは始めることが大事です。フェイスブック創設者のマーク・ザッカーバーグ氏は、母校であるハーバード大学の卒業式でのスピーチで、このような言葉を投げかけています。「アイデアはいきなり完成形でやってきたりしない。取り組んでいるうちにだんだんクリアになってくるんです。とにかくまずは始めなくては。人と人をつなぐ方法を最初から全部わかってたら、僕はフェイスブックを始めなかったでしょう」

そうなのです。誰もが未来を完全に予測することはできないのです。そんな未来を見据えながら、「ワクワク楽しく挑戦していく」のか「不安だから行動せず今のままでいる」のかが、人の成功の分かれ道なのです。自分なりの成功を導き出せるのも、パーソナルブランディングの良いところです。人それぞれタイプや強みが違いますから、成功の定義も人それぞれ異なっているのです。そしてパーソナルブランディングを進めてきたあなたは、自分なりの成功の定義を持てていることでしょう。だとしたら、今、1つだけ僕と約束をしていただけませんか。

その1つとは「明日、必ずパーソナルアイデンティティとインカンテーションを読み返す」ということです。この1つをやっていただければ、明日もまた今と同じモチベーションや高揚感を得られ、あなたの成功に向かって良い1日をスタートできるでしょう。そして、次の日の朝も、きっとまたパーソナルアイデンティティとインカンテーションを見返し、その日をどう過ごしていくかを考えるようになるでしょう。そのまた次の日も、そのまた次の日も。気がつくとパーソナルアイデンティティとインカンテーションは完全にあなたのものとなり、その時にはあなたは業界の第一人者として認められ、営業ゼロでも受注が倍増していて、自分のやりたい仕事だけを選びながら日々充実した生活を送っているでしょう。

日々インプットとアウトプットをたくさん行ない、自分を磨き続けることで、さらにまたワンランク上のブランディングにつながっていきます。その時には、また本書を活用していただき、次のステージに向けて、パーソナルブランドを再度設計してみてください。きっとあなたは周りの人に対して、あなたっぽいリーダーシップでたくさんの価値を提供していくことでしょう。

また、周りにもパーソナルブランディングを教えてあげてください。周りに自分の可能性をまだ信じられずにもがいている人がいたら、それはその人にとっても、あなたにとっても、社会にとっても、残念なことです。もしあなたがパーソナルブランディングを教えてあげることで、その人が自分の可能性を信じることができるようになり、やりたいことを実現でき、そんな人たちが増え続けたら、ますます幸せな社会になっていきます。

最後までお読みいただき、ありがとうございます。僕自身もパーソナルアイデンティティとインカンテーションを毎朝見返し、かつ、自分が描く最終ゴールに向かって、日々何をするのかを決めてから活動しています。また、寝る前には、今日の活動を思い返し、パーソナルアイデンティティから逸れた選択や行動をしなかったか振り返り、明日への活動につなげています。

全文ではないですが、毎日見返している僕のインカンテーションの一節を紹介して、最後にしたいと思います。

一生懸命対応してくれてありがとう。
今までのスタッフ含め、みんながいてくれるから今がある。
さらに駆け上がろう。
ワークライフハーモニーを充実させよう。
物心両面豊かな生活を、かかわるみんなで楽しもう。

毎日愛情を持って育ててくれてありがとう。
安心して仕事に向き合える。
過去があるから今もある。
これからも楽しい生活を送っていける。

幸せを目いっぱい味わい、今日も活力をもって目標に専念しよう。
さあ、いこうか。

参考文献

・『ブランド優位の戦略――顧客を創造するBIの開発と実践』デービッド・A.アーカー（著），DavidA.Aaker（原著），陶山計介（翻訳），梅本春夫（翻訳），小林哲（翻訳），石垣智徳（翻訳） ダイヤモンド社
・『9つの性格――エニアグラムで見つかる「本当の自分」と最良の人間関係』鈴木秀子（著） PHP研究所
・『人間性の心理学――モチベーションとパーソナリティ』マズロー（著），小口忠彦（翻訳） 産能大出版部
・『T.レビットマーケティング論』セオドア・レビット（著），有賀裕子（翻訳） ダイヤモンド社
・『ハイパワー・マーケティング』ジェイ・エイブラハム（著），金森重樹（翻訳） ジャック・メディア
・『競争の戦略』M.E.ポーター（著），土岐坤（翻訳），服部照夫（翻訳），中辻万治（翻訳） ダイヤモンド社
・『ポジショニング戦略［新版］』アル・ライズ（著），ジャック・トラウト（著），フィリップ・コトラー（序文）（著），川上純子（翻訳） 海と月社
・『［新版］ブルー・オーシャン戦略――競争のない世界を創造する』（HarvardBusinessReviewPress）W・チャン・キム（著），レネ・モボルニュ（著），入山章栄（翻訳），有賀裕子（翻訳） ダイヤモンド社
・『一瞬で自分を変える法――世界No.1カリスマコーチが教える』アンソニーロビンズ（著），AnthonyRobbins（原著），本田健（翻訳） 三笠書房
・『思考は現実化する〈上〉』ナポレオン・ヒル（著），田中孝顕（翻訳） きこ書房
・『思考は現実化する〈下〉』ナポレオン・ヒル（著），田中孝顕（翻訳） きこ書房
・『パーソナルフレグランス――愛される香水選びのルール』地引由美（著） 講談社
・『骨格診断×パーソナルカラー――本当に似合う服に出会える魔法のルール』二神弓子（著） 西東社
・『戦略的ブランド・マネジメント』ケビン・レーン・ケラー（著），恩藏直人（監訳） 東急エージェンシー
・『ブランド論――無形の差別化を作る20の基本原則』デービッド・アーカー（著），阿久津聡（翻訳） ダイヤモンド社
・『社員をホンキにさせるブランド構築法』一般財団法人ブランド・マネージャー認定協会（著），同文舘出版

【著者略歴】
草間淳哉（くさま じゅんや）
ブランディングウェブ戦略研究家
株式会社ウェブエイト 代表取締役社長
清泉女学院短期大学 非常勤講師
一般財団法人ブランド・マネージャー認定協会 認定トレーナー

中小企業のブランディング戦略からサポートし、ウェブでブランドを浸透させる専門家。

月間 1200 万 PV「ナガブロ」を運営。関わってきたウェブサイトは 17,000 以上。

各種団体、経済団体、商工会議所での講演、セミナー、研修など、年間 120 回以上講義。

目的を明確にしたウェブ戦略・マーケティング戦略・ブランディング戦略によって、業績アップした中小企業多数。

モットーは「ひたすら楽しく優しく分かりやすく」


自分1人、1日でできる　パーソナルブランディング

平成30年2月16日　初版発行
令和 元 年5月15日　3刷発行

著　　者 ――――― 草間淳哉
発 行 者 ――――― 中島治久
発 行 所 ――――― 同文舘出版株式会社
東京都千代田区神田神保町1-41　〒101-0051
営業(03)3294-1801　編集(03)3294-1802
振替00100-8-42935　http://www.dobunkan.co.jp

ISBN978-4-495-53931-3
印刷／製本：萩原印刷
Printed in Japan 2018